QUE SAIS-JE ?

Le droit administratif

PROSPER WEIL

Professeur émérite
à l'université Panthéon-Assas (Paris-II)
Membre de l'Institut

DOMINIQUE POUYAUD

Professeur à l'université Paris Descartes

Vingt-quatrième édition mise à jour
230e mille

ISBN 978-2-13-060790-8
ISSN 0768-0066

Dépôt légal – 1re édition : 1964
24e édition mise à jour : 2013, mai

INTRODUCTION

L'existence même d'un droit administratif relève en quelque sorte du miracle. Le droit qui régit l'activité des particuliers est imposé à ceux-ci du dehors, et le respect des droits et obligations qu'il comporte se trouve placé sous l'autorité et la sanction d'un pouvoir supérieur : celui de l'État. Mais que l'État lui-même accepte de se considérer comme « lié » par le droit (étymologiquement, la loi est ce qui lie) mérite l'étonnement. Il est dans la nature des choses qu'un gouvernant croie, de bonne foi, être investi du pouvoir de décider discrétionnairement du contenu et des exigences de l'intérêt général. Il faut qu'il fasse effort sur lui-même pour se considérer comme tenu de rester dans les voies d'un droit qui lui dicte certaines conduites et lui en interdit d'autres. À plus forte raison doit-il considérer comme peu normal de voir ses décisions soumises à la censure d'un juge : au nom de quoi ce dernier, irresponsable, serait-il plus infaillible que l'homme placé aux leviers de commande et qui, lui, est responsable de ses actes ? Certes, nous sommes aujourd'hui accoutumés à voir l'État limité par le droit et soumis au contrôle juridictionnel ; il faut de temps à autre une réaction gouvernementale un peu vive pour nous permettre d'apprécier les choses à leur juste valeur. N'oublions pas d'ailleurs les leçons de l'histoire : la conquête de l'État par le droit est relativement récente et n'est pas encore universellement achevée. Les lents progrès de l'organisation internationale nous révèlent, sous un autre aspect, cette répugnance de toute « souveraineté » à admettre un jugement autre que le sien propre. En France même, où le *Rechtsstaat* a depuis longtemps supplanté le *Poleizistaat,* les progrès les plus importants ne remontent qu'à la fin du XIXe siècle, et il subsiste encore, on le verra, des zones où l'action gouvernementale se déploie à l'abri du droit : la « raison d'État » ne capitule pas du jour au lendemain.

Ce qui est vrai de l'État en général l'est encore plus de celui des trois pouvoirs de l'État qui s'est vu attribuer la part la plus importante de la souveraineté : le gouvernement. En France, on l'a souvent souligné, la séparation des pouvoirs n'est pas, ou n'est pas essentiellement, une distinction des fonctions correspondant à une division du travail, mais une répartition des attributs de la puissance inhérente à la souveraineté interne de l'État. Or, des trois pouvoirs, le gouvernement est celui qui a bénéficié, dans ce partage, de la part du lion : il est le seul à détenir directement la force publique ; c'est lui qui est appelé à prendre les innombrables décisions exigées par la vie de l'État ; c'est à lui enfin qu'ont bénéficié le plus l'extension des attributions et l'accroissement des pouvoirs de l'État.

Or, le gouvernement est lui-même de plus en plus étroitement soumis au droit et au contrôle juridictionnel. Et cela non seulement dans ses rapports avec les autres pouvoirs – lesquels relèvent du droit constitutionnel –, mais aussi dans la marche de cet immense appareil qui est à sa disposition pour faire prévaloir sa volonté dans l'ordre interne et que l'on appelle l'Administration.

Dans son acception la plus large et la plus immédiatement perceptible, le droit administratif est l'ensemble des règles définissant les droits et obligations de l'Administration, c'est-à-dire du gouvernement et de l'appareil administratif. Il régit l'un des trois pouvoirs de l'État, et le plus puissant des trois : ce trait fondamental, qui tient à ses « bases constitutionnelles » (Vedel), ne doit jamais être négligé. Le droit administratif n'est pas, et ne peut pas être, un droit comme les autres : si ces mots avaient un sens, on dirait volontiers qu'il n'est pas un droit juridique, mais un droit politique. Il s'insère dans ces problèmes fondamentaux de la science politique que sont les rapports entre l'État et le citoyen, l'autorité et la liberté, la société et l'individu. L'annulation d'une décision administrative n'a rien à voir avec celle d'un contrat passé entre deux particuliers ou d'un acte privé : l'histoire du droit français et celle de maints droits étrangers comme du droit international sont là pour rappeler que le pouvoir d'annuler la décision d'une autorité publique ne s'obtient qu'au terme d'une longue évolution. Seules les apparences permettent de comparer la responsabilité de l'État à celle d'un particulier : pour admettre que le propre de la souveraineté n'est pas de « s'imposer à tous sans compensation » (Laferrière), il a fallu attendre la fin du XIXe siècle en France, 1946 ou 1947 aux États-Unis et en Grande-Bretagne.

Né d'un miracle, le droit administratif ne subsiste que par un prodige chaque jour renouvelé. Aucune force ne peut contraindre matériellement le gouvernement à se soumettre à la règle de droit et à la sentence du juge, et l'État peut, en théorie du moins, mettre fin, quand il le désire, à l'autolimitation qu'il a consentie. Pour que le miracle se produise et qu'il dure, diverses conditions doivent être remplies, qui tiennent à la forme de l'État, au prestige du droit et des juges, à l'esprit du temps. Le droit administratif ne peut donc être détaché de l'histoire, et notamment de l'histoire politique ; c'est en elle qu'il trouve son ancrage, c'est à elle qu'il doit sa philosophie et ses traits les plus intimes.

Le droit administratif ne remonte guère qu'au dernier tiers du XIXe siècle. C'est un droit jeune, qui a subi une rapide évolution. Chacune des étapes qu'il a franchies l'a marqué de façon indélébile, et, s'il est commode de parler en termes de temps et de croissance, il serait peut-être plus exact d'évoquer une image géologique : à chacun des âges correspond une couche différente, si bien que le droit administratif actuel comporte des éléments qui remontent à des époques distinctes et relèvent de conceptions très diverses.

I. – La préhistoire du droit administratif

C'est entre la Révolution de 1789 et la fin du Second Empire que s'esquissent les traits dominants de ce que Hauriou appellera plus tard le « régime administratif » : l'existence d'une juridiction administrative spécialisée et la soumission de l'Administration à des règles différentes de celles du droit privé.

1. **L'Administration soustraite au contrôle des tribunaux.** – Les juridictions de l'Ancien Régime avaient mené une guerre sournoise, et souvent efficace, contre les tentatives de la monarchie de moderniser l'Administration et de réformer la société. Cette résistance devait atteindre son paroxysme sous Louis XV et Louis XVI. Ainsi s'explique-t-on que l'une des premières mesures de la Constituante fut de briser net, par la loi des 16 au 24 août 1790, toute possibilité, pour les tribunaux, de défier l'autorité de l'État : « Les fonctions judiciaires sont distinctes et demeureront toujours séparées des fonctions administratives. Les juges ne pourront, à peine de forfaiture, troubler, de quelque manière que ce soit, les opérations des corps administratifs, ni citer devant eux les administrateurs pour raison de leurs fonctions. » Cette disposition fut répétée par le décret du 16 fructidor an III : « Défenses itératives sont faites aux tribunaux de connaître des actes d'administration, de quelque espèce qu'ils soient, aux peines de droit. » La signification de ces textes est claire. Il s'agissait, en posant le principe de la séparation des autorités administrative et judiciaire, d'empêcher les tribunaux de gêner l'Administration et, à cet effet, de leur interdire la connaissance des litiges intéressant l'Administration. Le pouvoir judiciaire, dont la mission naturelle est de trancher les litiges en disant le droit, sortait affaibli de l'épreuve. La crainte de voir le juge « troubler les opérations des corps administratifs » sera telle que le juge administratif lui-même ne se reconnaîtra pas, sauf texte l'y autorisant, le droit de prononcer

des injonctions à l'égard de l'Administration. Dans une importante décision de 1987, le Conseil constitutionnel a estimé que, même si les textes de 1790 et de l'an III n'ont pas en eux-mêmes valeur constitutionnelle, un principe fondamental reconnu par les lois de la République, principe de valeur constitutionnelle, réserve à la juridiction administrative l'annulation ou la réformation des décisions prises par les autorités administratives dans l'exercice des prérogatives de puissance publique. Née de considérations historiques contingentes, la protection de l'Administration contre l'ingérence du pouvoir judiciaire a ainsi été partiellement érigée deux siècles plus tard en règle constitutionnelle à laquelle le législateur lui-même ne peut désormais plus porter atteinte.

2. **Une juridiction administrative intérieure à l'Administration.** – Soustraite aux juridictions ordinaires, l'Administration était en fait délivrée de tout contrôle juridictionnel : les réclamations des administrés étaient jugées par l'Administration elle-même, à la fois juge et partie (système dit du ministre-juge). Avec Bonaparte se dessine une évolution nouvelle : au sein de l'appareil administratif vont se créer des rouages chargés plus spécialement de l'étude des affaires contentieuses. Avec la Constitution de l'an VIII naît le Conseil d'État, et la loi du 28 pluviôse an VIII crée les conseils de préfecture chargés, sous la présidence du préfet, de statuer sur certains litiges étroitement définis.

Conçu essentiellement comme le conseil juridique du gouvernement, le Conseil d'État se vit rapidement chargé par le Premier Consul, puis par les chefs d'État successifs, de préparer un projet de solution pour les litiges auxquels l'Administration était partie. Le gouvernement statuait, mais sa décision était préparée par un organe spécialisé.

Dès le début du XIXe siècle, la spécialisation s'accrut progressivement : création en 1806, au sein du Conseil d'État, d'une « commission du contentieux », devant laquelle les parties exposaient leurs thèses selon une procédure de type juridictionnel et par l'intermédiaire d'avocats au Conseil d'État et à la Cour de cassation ; accentuation de la juridictionnalisation de la procédure sous la monarchie de Juillet ; et surtout habitude, vite instaurée, de voir confirmer purement et simplement par le chef de l'État la solution proposée par le Conseil d'État. Il ne restera qu'un pas à accomplir : faire coïncider le droit avec le fait, c'est-à-dire passer de la *justice retenue* à la *justice déléguée* et reconnaître au Conseil d'État le caractère d'une véritable juridiction.

La juridiction administrative est née de l'Administration elle-même et a grandi en son sein. Ce caractère n'a pas été effacé par l'évolution ultérieure : le Conseil d'État demeure plus proche de l'Administration – par son recrutement, ses fonctions et, surtout, son état d'esprit – qu'une juridiction ne l'est normalement des justiciables qui relèvent d'elle : ce qui ne veut pas dire qu'il ne bénéficie pas d'une totale indépendance, mais implique une affinité et une compréhension qui ont contribué pour beaucoup à l'essor du droit administratif. « L'Administration a besoin d'un juge qui lui soit propre. D'un juge qui, loin de lui manifester de la complaisance, peut d'autant mieux la soumettre au respect du droit qu'il connaît ses rouages et n'est pas dupe des apparences » : ces mots de M. Chirac, alors Premier ministre[1], traduisent une conception qui trouve ses racines dans les origines mêmes de la juridiction administrative.

3. **Des règles de droit autonomes.** – N'étant pas, à sa naissance, un véritable juge et se bornant à préparer les décisions du chef de l'État, le Conseil d'État ne s'estimait pas lié par les règles du Code civil. Aussi fut-il rapidement acquis que les dispositions du Code relatives au louage de services, aux contrats, à la responsabilité n'étaient pas applicables à l'Administration qui, soustraite aux

1. Discours d'installation du vice-président du Conseil d'État (26 février 1987).

tribunaux, se voyait également soustraite au droit civil. Et c'est ainsi qu'au fil des espèces le Conseil d'État forgera lui-même les règles applicables à l'Administration et que s'affirmera l'existence d'un droit administratif autonome, c'est-à-dire d'un droit qui peut ressembler sur tel point particulier au droit civil, mais qui ne tire pas son autorité du Code civil. La juridiction a précédé le droit et, sans celle-là, celui-ci n'eût pas vu le jour.

II. – La période classique

La loi du 24 mai 1872 donne au Conseil d'État la justice déléguée ; désormais, l'Administration est soumise au contrôle d'une véritable juridiction, qui statue « au nom du peuple français ». Il faudra cependant attendre 1889 pour que la théorie du « ministre-juge » soit totalement abandonnée (CE, Cadot). La loi de 1872 institue en même temps un Tribunal des conflits, composé en nombre égal de membres du Conseil d'État et de conseillers à la Cour de cassation et chargé de statuer sur les conflits de compétence entre les deux ordres juridictionnels.

La date de la réforme n'est pas le fruit du hasard. La République va s'installer en même temps que le régime du libéralisme, tant politique qu'économique. Des textes d'inspiration libérale vont donner à l'Administration française ses assises modernes : le département et la commune sont organisés sur de nouvelles bases, les grandes libertés (presse, association, etc.) reçoivent leur charte législative, les rapports entre le législatif et l'exécutif se fixent. Dans ce cadre, le droit administratif, élaboré par le Conseil d'État, connaîtra lui aussi sa « belle époque ». Les « grands arrêts » foisonnent, posant les principes fondamentaux de la nouvelle discipline : dès 1873, par l'arrêt Blanco, le Tribunal des conflits pose le principe de la responsabilité de l'État, mais d'une responsabilité qui n'est « ni générale ni absolue » et qui « a ses règles spéciales », que seule la juridiction administrative est compétente pour appliquer ; le contrôle du juge administratif va s'exercer alors même que la décision attaquée aurait été inspirée par des motifs politiques ; les conditions de recevabilité du recours pour excès de pouvoir s'assouplissent, les moyens d'annulation s'élargissent ; la responsabilité de l'État s'affirme, ainsi que sa distinction avec la responsabilité personnelle de ses agents ; la théorie des contrats administratifs acquiert sa physionomie propre, et celle de la décision exécutoire prend corps. C'est l'époque des magistrales conclusions des commissaires du gouvernement David, Romieu, Pichat, Léon Blum, etc. C'est l'époque aussi où la doctrine construit ses grands édifices classiques : Laferrière puis Hauriou, Duguit, Jèze. Si le droit administratif a certes profondément évolué après 1920, cette transformation s'est faite à partir de principes fondamentaux – de dogmes politico-juridiques, serait-on tenté d'écrire – et selon des méthodes élaborées au cours de ces quarante-cinq années qui séparent la fin de la guerre de 1870 du début de celle de 1914.

1. **Les dogmes.** – A) Le premier est d'ordre politique : primauté de l'individu face à l'État et affirmation de « droits naturels et imprescriptibles de l'homme ». C'est à la Révolution de 1789, et plus précisément à la Déclaration des droits de l'homme et du citoyen, que le Conseil d'État emprunte, au lendemain de 1872, sa philosophie politique. Entre la liberté et l'autorité, il choisit la première comme donnée primordiale, la liberté ne pouvant être restreinte que lorsque la loi le permet. « Tout ce qui n'est pas défendu par la loi ne peut être empêché » : à cette formule de la Déclaration fait écho la célèbre proposition des commissaires du gouvernement : « En matière de police, la liberté est la règle et la restriction l'exception. » Aussi le droit administratif va-t-il manifester une méfiance particulière à l'égard de celui des trois pouvoirs de l'État qui paraît alors le plus redoutable pour les libertés individuelles : le gouvernement. « Le citoyen contre les pouvoirs », certes ; mais surtout contre celui qui recèle le plus de dangers pour ses droits fondamentaux.

De là le principe de la subordination politique du gouvernement au Parlement : ne désignait-on pas pudiquement le gouvernement du nom d'« exécutif », pensant ainsi avoir exorcisé le démon et conjuré les risques inhérents à la puissance naturelle d'un pouvoir que l'on savait ne pas être seulement d'exécution ? De là aussi la subordination juridique du règlement à la loi : il ne pouvait être pris qu'en application d'une loi et conformément à la loi, et l'on rattachait à l'« exécution des lois » des pouvoirs propres au gouvernement comme le maintien de l'ordre public et le fonctionnement des services publics. De là, enfin, la responsabilité de l'État pour les « fautes » commises par l'Administration et la nécessité d'un contrôle juridictionnel des décisions du gouvernement, ainsi que l'extension progressive de ce contrôle à toutes les décisions gouvernementales, y compris celles revêtant un caractère réglementaire : l'adoption par le Conseil d'État d'un critère organique de l'acte administratif susceptible de recours pour excès de pouvoir n'est que la manifestation juridique de cette volonté d'assujettir entièrement au droit et au juge ce pouvoir redouté et suspecté.

Des autres pouvoirs, en revanche, on se méfie moins, car on n'imagine pas qu'ils puissent menacer les droits de l'homme. Cela est naturel pour le pouvoir judiciaire ; mais cela est vrai aussi du pouvoir législatif. La loi, à laquelle « tous les citoyens ont le droit de concourir personnellement », n'est-elle pas « l'expression de la volonté générale » ? Comment imaginer que le peuple puisse s'opprimer lui-même ? De cette mystique de la loi découle une triple conséquence. Les matières les plus importantes sont réservées à la loi – en particulier celles qui touchent à la liberté et à la propriété (impôts, infractions et pénalités, libertés publiques, etc.). La loi devient alors synonyme et consubstantielle du droit : la loi est le droit, et l'on parlera de légalité ou d'illégalité là où l'on veut évoquer la régularité ou l'irrégularité. Enfin, la loi est soustraite à tout contrôle juridictionnel de validité et ne peut engager la responsabilité de l'État : elle est la norme à laquelle l'exécutif doit se conformer, et l'on ne voit pas au nom de quoi on confronterait « l'expression de la volonté générale » à une norme supérieure.

La confiance dans le législateur s'oppose ainsi alors à la suspicion dans laquelle est tenu le gouvernement : la loi est l'acte initial, inconditionné et incontestable ; le règlement l'acte second, conditionné et contestable (Vedel). Du Parlement, il n'y avait rien à dire, sauf qu'il pouvait faire ce qu'il voulait. Du gouvernement, on précisait : qu'il agisse, mais qu'il observe la loi ; qu'il agisse, mais qu'il répare les dommages causés par son action (Hauriou).

Les leçons de l'expérience et les bouleversements constitutionnels ont révélé l'irréalisme de cette conception. On sait aujourd'hui qu'une assemblée parlementaire ne respecte pas nécessairement les libertés des citoyens et que la loi peut être aussi dangereuse pour ces dernières que le règlement administratif. On sait aussi que certaines conjonctures politiques placent le Parlement dans la main du gouvernement et font de la loi le simple reflet de la volonté gouvernementale.

Il faudra cependant attendre l'instauration, par la Constitution de 1958, d'un contrôle de la constitutionnalité des lois, l'évolution audacieuse de la jurisprudence du Conseil constitutionnel à partir de 1971, l'ouverture à l'opposition parlementaire de la saisine en 1974 et la révision constitutionnelle de 2008 pour que la loi cesse de bénéficier de l'immunité absolue dont elle jouissait traditionnellement.

Les postulats anciens ne sont toutefois pas totalement effacés. Si l'on fait moins confiance à la loi que jadis, on n'en continue pas moins à lui faire confiance plus qu'on ne le fait à l'acte administratif. Même si le règlement a un champ d'application plus large qu'avant 1958, les matières « nobles » demeurent réservées par la Constitution à la loi, et la compétence du législateur a été interprétée de manière extensive par la jurisprudence. Quant à l'intervention de la loi dans le domaine réglementaire, elle ne constitue pas une inconstitutionnalité (le Conseil constitutionnel a abandonné en 2012 sa jurisprudence de 2005 consistant à « déclasser » les dispositions de nature réglementaire insérées dans la loi). Le règlement est pleinement assujetti au contrôle juridictionnel, alors que la loi a longtemps continué à bénéficier de protections. Elle ne pouvait être contestée que par certaines autorités et dans certaines conditions. Le contrôle du Conseil constitutionnel, possible seulement avant la promulgation de la loi, se limitait à une espèce de blocage à la source : une fois promulguée, la loi redevenait toute-puissante et pouvait impunément porter atteinte aux libertés, écarter les « principes généraux du droit », voire déroger, ou autoriser le gouvernement à déroger, à une disposition de la Constitution ou de son Préambule. Cependant, si elle n'était pas compatible avec une convention internationale ou une norme communautaire dérivée, le juge ne l'appliquait pas (Cass., J. Vabres, 1975 ; CE, Nicolo, 1989). Allant plus loin, la réforme constitutionnelle de 2008 permet la saisine du Conseil constitutionnel lorsque, au cours d'une instance juridictionnelle, il est soutenu qu'une disposition législative porte atteinte aux droits et libertés que la Constitution garantit. Cette saisine, qui conduit à l'abrogation de la disposition déclarée inconstitutionnelle, ne peut avoir lieu que sur renvoi du Conseil d'État ou de la Cour de cassation. L'entrée en vigueur de la question prioritaire de constitutionnalité depuis mars 2010 a notablement changé la place privilégiée conférée à la loi.

B) Le second des dogmes forgés entre 1870 et 1914 est celui du service public. L'État gendarme, qui assure la défense, la police et la justice, a cédé le pas à l'État providence qui assure des prestations à ses citoyens. C'est l'époque où l'Administration cherche à établir l'infrastructure routière, fluviale et ferroviaire, où le gaz puis l'électricité se développent, où l'assistance et l'hygiène deviennent des missions d'intérêt général. Une « transformation formidable se produit. Ce qui apparaît au premier plan, ce n'est plus le pouvoir de commander, c'est l'obligation d'agir pratiquement » (Duguit). Le service public, entreprise publique assurée dans l'intérêt public, devient l'alpha et l'oméga du droit administratif : l'Administration agit en vue du service public, ses pouvoirs doivent être adaptés aux besoins du service public, le droit qui la régit « a ses règles spéciales qui varient suivant les besoins du service » (arrêt Blanco), etc. Ne pouvait-on pas dire alors que « tout ce qui concerne l'organisation et le fonctionnement des services publics constitue une opération administrative, qui est, par sa nature, du domaine de la juridiction administrative » (concl. Romieu sur Terrier, 1903) ? La notion de service public a certes subi depuis cette époque bien des transformations, notamment du fait du droit communautaire. Elle demeure cependant aujourd'hui encore, malgré les crises qu'elle a subies, l'âme et l'inspiration du droit administratif. Pour tout juriste nourri dans le sérail, les expressions « besoins du service », « bonne marche du service », « continuité du service public », etc. conservent encore un contenu très riche. C'est de cette époque qu'elles proviennent, en même temps d'ailleurs que les « lois » fondamentales du service public : la continuité, l'égalité, la mutabilité[1].

Si la crainte de voir le gouvernement porter atteinte aux libertés individuelles a conduit le droit administratif à limiter et à contrôler le gouvernement, la notion de service public a, en revanche, poussé à un élargissement de ses pouvoirs. Pour satisfaire aux besoins du service, l'Administration doit disposer des moyens d'action nécessaires. De là les notions de prérogatives de puissance publique et de moyens exorbitants du droit commun. Alors que dans la vie privée les droits et obligations se créent surtout par voie contractuelle, l'intérêt du service public exige que l'Administration puisse imposer unilatéralement, sans passer d'abord devant le juge, des obligations aux

1. Cf. J. Chevallier, *Le Service public*, coll. « Que sais-je ? », n° 2359.

particuliers ; sa décision doit être tenue pour juridiquement valable tant que l'intéressé n'a pas fait prononcer son annulation par le juge. L'Administration agit, l'administré conteste après coup : telle est la portée de ce « privilège du préalable » qui constitue l'élément le plus remarquable de la théorie de la « décision exécutoire ». Dès cette époque se dessine ainsi la problématique du droit administratif. D'un côté, suspicion à l'égard du gouvernement, que l'on redoute de voir attenter aux droits naturels et imprescriptibles du citoyen ; de l'autre, nécessité pour le gouvernement de disposer des moyens nécessaires à la satisfaction des services publics. La première exigence appelle une limitation et, partant, un contrôle de l'Administration ; la seconde suscite l'octroi à l'Administration de privilèges et de prérogatives. Cette tension reflète la profonde contradiction qui caractérise toute la vie politique française, laquelle retient certes comme donnée primordiale les droits de l'individu, mais ne peut dissimuler une solide tradition de centralisation et d'autoritarisme. Entre ces deux pôles, la synthèse est impossible : tout au plus peut-il y avoir, à chaque moment, un point d'équilibre, toujours menacé, toujours remis en cause selon les mouvements pendulaires de l'histoire.

2. **Les méthodes.** – L'originalité des modes d'élaboration du droit administratif découle directement de là. Dégageant souvent la règle de droit en même temps qu'il l'applique – sous réserve de la possibilité de moduler dans le temps les effets des revirements de jurisprudence afin d'atténuer les inconvénients de sa rétroactivité (CE, Tropic travaux signalisation, 2007) –, le Conseil d'État a été conduit à exercer un arbitrage permanent entre les nécessités de l'action administrative et celles de sa limitation. S'il cherchait certes à assurer au citoyen une protection contre le pouvoir, il ne pouvait oublier qu'il lui incombait également d'assurer à l'Administration les moyens d'action nécessaires et de la mettre à l'abri d'exigences susceptibles de compromettre les intérêts généraux dont elle avait la charge. On a souvent

parlé de conciliation : on ne peut cependant concilier ce qui est fondamentalement contradictoire et hétérogène. C'est un arbitrage toujours discutable qu'il a fallu réaliser : la tâche du juge n'était pas facile, en l'absence de tout code ou texte de loi lui dictant sa conduite.

Aussi n'y a-t-il pas lieu de s'étonner que le Conseil d'État ait parfois recours à des méthodes quelque peu déroutantes. Tantôt, il pose une définition en des termes apparemment précis, mais dont le contenu concret doit être défini dans chaque cas d'espèce : c'est le procédé que l'on pourrait appeler des définitions stables à contenu variable. Tantôt des régimes juridiques diamétralement opposés coïncident avec des concepts antinomiques, mais la ligne frontière de ceux-ci est définie de manière telle que le juge peut la déplacer librement, de sorte que c'est le régime désiré par le juge qui conditionne la détermination de la notion : tel est le procédé des notions limitrophes à frontières mouvantes. Parfois, on a l'impression que certains avantages sont accordés en bloc, puis retirés dans le détail, ou qu'un principe solennellement posé se trouve vidé de son contenu dans son application. Dans bien des cas, le juge se sert de notions dont le contenu n'est pas défini, si tant est qu'il n'est pas indéfinissable : l'« existentialisme juridique » (Chenot) a l'air de se moquer des essences et des catégories, et plus d'une formule semble servir à « masquer d'un mot l'arbitraire du juge » (M. Waline). À côté de matières évolutives, le droit administratif connaîtra des secteurs figés, rappelant les temps anciens : le droit administratif paraît constitué d'îlots autonomes, répondant à des règles propres. Droit secret et ésotérique, a-t-on dit ; *imperatoria brevitas* des sentences, dont l'importance réside aussi souvent dans ce qui n'y est pas exprimé que dans ce qui s'y trouve, même si c'est moins vrai aujourd'hui qu'autrefois.

La raison profonde de cette approche réside dans l'ambiguïté fondamentale d'une discipline qui se veut tout à la fois instrument de libéralisme et garante de l'action administrative, protection du citoyen contre le gouvernement et moyen d'épanouissement de la volonté gouvernementale. La solution de ce problème ne pouvait aller sans quelques subtilités, et le titre de gloire du Conseil d'État est d'y être parvenu de la moins mauvaise façon possible.

III. – La crise de croissance

Dès la Première Guerre mondiale, le droit administratif avait ainsi acquis sa personnalité. Cela ne signifie cependant pas que rien ne se soit produit depuis 1920. Très rapidement, en effet, les changements économiques et sociaux provoquèrent une crise de croissance dont le droit administratif n'est pas sorti sans difficulté.

1. **La gestion privée des personnes publiques.** – En premier lieu, l'État a développé ses activités d'ordre économique. Pendant la guerre, il s'était fait ravitailleur, transporteur et assureur. Dans les années 1920, il va s'occuper de pétrole (Compagnie française des pétroles) et de potasse (Mines domaniales de potasse d'Alsace). Mais ces interventions n'étaient encore justifiées que par des raisons contingentes : les hostilités et la guerre, dans le premier cas ; la gestion de biens laissés à la France par le vaincu, dans le second. À partir de 1936, la volonté délibérée succède au hasard : nationalisation de l'industrie aéronautique en 1936, création de la SNCF en 1937, nationalisation de l'électricité, du gaz, des charbonnages, des principales banques de dépôt et de compagnies d'assurances en 1945-1946, prolongée par la nationalisation d'importantes sociétés industrielles, banques et compagnies financières en 1982. Même si l'important mouvement de privatisations amorcé en 1986 et développé depuis 1993 a fait refluer la vague, la présence de l'État et celle des autres collectivités publiques dans la vie économique continuent à constituer un aspect fondamental du paysage administratif français.

Les nouveaux secteurs économiques de l'activité administrative ne pouvaient pas être régis par le droit élaboré par le Conseil d'État pour l'Administration d'avant 1914 : leur soumission aux lois et usages du commerce était indispensable pour leur assurer la souplesse de gestion nécessaire et leur faciliter l'insertion dans le milieu économique dans lequel ils étaient appelés à vivre. C'est pourquoi la jurisprudence a dû admettre (TC Bac d'Eloka, 1921) que ces services publics industriels et commerciaux soient en principe régis par le droit privé. Sans doute n'avait-on pas exclu auparavant la possibilité d'une gestion privée de l'Administration, c'est-à-dire d'une soumission de certains de ses actes au droit privé et au juge judiciaire : mais cela ne concernait alors, en dehors de la gestion du domaine privé – laquelle, pour des raisons difficiles à élucider, n'est précisément pas considérée comme un service public – que certains contrats ne contenant aucune clause exorbitante du droit commun. Le « virage » de 1921 (Eisenmann) consista à admettre que des services entiers pouvaient vivre sous l'empire du droit privé et échapper au contrôle du juge administratif. De larges pans de l'activité administrative allaient, dès lors, se détacher du droit administratif pour retomber sous l'empire du droit privé et le contrôle des juridictions judiciaires, et l'on devra dorénavant distinguer le droit administratif *lato sensu* – tout le droit applicable à l'Administration – du droit administratif *stricto sensu* – la part de ce droit autonome et spéciale : la confusion des mots et des idées ne faisait que commencer.

2. **La gestion publique des personnes privées.** – En même temps que l'Administration se voyait soumise partiellement au droit privé, le droit administratif débordait du cadre de l'Administration proprement dite. Depuis longtemps, le concessionnaire de service public était en quelque sorte annexé par le droit public, en raison de l'intimité de sa collaboration avec l'Administration dans la réalisation du service public. Mais ce cas devait cesser

d'être exceptionnel à partir du moment où l'Administration utilisa de plus en plus fréquemment la collaboration de personnes et d'organismes privés. On s'aperçut dans les années 1930 que la satisfaction de l'intérêt général n'était pas le monopole des collectivités publiques ; on parla d'abord d'entreprises privées d'intérêt général, puis, plus ouvertement, de personnes privées investies d'une mission de service public (transporteurs publics, caisses d'assurances sociales, exploitants d'outillages portuaires, etc.). Cela conduisit, d'une part, à assujettir les intéressés à un contrôle administratif, voire à de véritables obligations de service public, d'autre part, à leur accorder le bénéfice de certaines prérogatives de puissance publique (CE, Autobus Antibois, 1932 ; Vézia, 1935 ; Caisse primaire Aide et protection, 1938 ; Compagnie maritime de l'Afrique orientale, 1944) et, corrélativement, à les soumettre dans cette mesure au droit administratif et à la compétence administrative. Dans un stade ultérieur, l'État créera de toutes pièces, en vue d'assurer une mission de service public, des organismes auxquels il conférera expressément le caractère et le statut de personnes privées : tel sera le cas, après 1945, des caisses de sécurité sociale et d'allocations familiales, ainsi que des innombrables associations et organismes créés autour de l'Administration sous la forme juridique de personnes privées. Organismes réellement privés collaborant à des tâches d'Administration, organismes facticement privés créés par l'Administration pour assurer certaines missions d'intérêt général : l'action administrative cesse dès lors d'être exclusivement celle de l'appareil administratif.

3. **La crise du droit administratif.** – Le double mouvement que l'on vient de décrire a fait perdre au droit administratif, à partir des années 1940, toute unité et toute clarté, et nul ne savait plus à quel signe reconnaître l'application du droit administratif et la compétence de la juridiction administrative.

Qualifier un organisme de personne publique ou de personne privée ne suffisait plus à régler le problème, car les collectivités publiques se voyaient en partie soumises au droit privé, et les personnes privées pouvaient être régies par le droit public. Le régime de certains organismes était fixé sans qu'il ait paru nécessaire d'en déterminer la nature juridique. Le but de service public n'était pas davantage un critère satisfaisant, car certaines activités de l'Administration se voyaient, en dépit de leur but de service public, régies essentiellement par le droit privé. L'utilisation de prérogatives de puissance publique paraissait à certains fournir un critère plus satisfaisant ; mais s'il était possible de conclure de cette utilisation à l'application d'un régime de droit public, comment résoudre le problème du régime de droit applicable lorsque c'est ce régime précisément qui déterminait la possibilité d'utiliser ou non de telles prérogatives ? Fallait-il alors dire que le droit administratif et la compétence administrative doivent être retenus lorsque l'activité litigieuse est soumise à un régime de droit public, intéresse des rapports de droit public ou pose des questions de droit public ? Certains n'ont pas hésité à le faire ; mais le problème restait entier : à quoi reconnaître, précisément, qu'une activité doit être soumise à un régime de droit public, intéresse des rapports de droit public ou pose des questions de droit public ?

Les plaideurs se heurtaient à la difficulté de résoudre la question du juge compétent et celle du droit applicable. Le contentieux administratif devenait une loterie, et ses spécialistes les plus avertis des devins.

Sur le plan théorique, la situation n'était guère plus brillante. On assistait à ce spectacle déroutant d'une discipline prenant tous les jours plus d'importance, mais dont on ignorait la nature profonde, dont le fondement cessait d'être immédiatement perceptible et dont les limites étaient incertaines : un domaine dans lequel il fallait entrer, mais dont nul ne détenait la clé ni ne connaissait les contours. Toutes les explications proposées, tous les critères suggérés avaient une âme de vérité ; aucun n'était la vérité. La crise du droit administratif n'était pas un vain mot. Confusion des idées, complexité des solutions : voilà le tableau du droit administratif dans les années de l'après-guerre. La responsabilité n'en incombait ni au Conseil d'État ni à la doctrine, mais à l'extraordinaire enchevêtrement des réalités administratives dans un État qui se voulait en même temps libéral et dirigiste et dont l'accroissement des pouvoirs et l'extension des attributions étaient accompagnés d'un foisonnement de nouveaux types d'intervention.

IV. – Le droit administratif « en mutation »

Le Conseil d'État a précédé le droit administratif qui a été « sécrété dans les interstices de la procédure », illustrant la maxime anglaise *Remedies precede rights*. Mais l'un et l'autre ont été et demeurent tellement liés que l'interrogation sur le bilan et les perspectives de l'un quelques années après son bicentenaire vaut également pour l'autre.

L'évolution ne s'est pas faite selon un processus purement endogène. Les facteurs nés au sein même de l'ordre administratif ont dû se combiner avec des contraintes nées de la transformation du monde extérieur. Le droit administratif est « en mutation » (J. Chevallier). Des données nouvelles tenant à la remise en cause du juge administratif et du droit administratif, à l'encadrement de l'un et de l'autre par un environnement normatif modifié et à un paysage institutionnel renouvelé sont apparues. Certaines ont évolué mais d'autres subsistent.

1. **La remise en cause du juge et du droit administratif.** – La controverse traditionnelle sur les mérites et démérites du principe de séparation des autorités administratives et judiciaires, sur la dualité de juridictions, sur l'autonomie du droit administratif semblait au milieu des années 1970 appartenir au passé.

Non seulement le modèle de l'« ordre administratif » français paraissait définitivement acquis en France, mais encore il avait essaimé dans de nombreux pays soustraits à l'influence anglo-saxonne. Bien plus, le système contentieux français avait fourni les structures essentielles du contentieux communautaire. On vantait les audaces du juge administratif qui avait réussi à renforcer la soumission de l'Administration au droit grâce à l'élargissement des normes de référence – notamment les principes généraux du droit – et à l'approfondissement du contrôle des actes administratifs. On se félicitait de la protection croissante assurée aux administrés par l'extension de la responsabilité administrative, avec la disparition des derniers îlots d'irresponsabilité, le recul de l'exigence de fautes qualifiées et l'admission de plus en plus fréquente d'une responsabilité sans faute des personnes publiques.

D'un autre côté, cependant, les réticences à l'égard du juge administratif et de son droit, loin de s'éteindre, s'étaient renforcées : un auteur avait même pu écrire que « le droit administratif n'a plus bonne réputation » (Delvolvé). La complexité des règles de compétence, le caractère semi-secret d'un droit jurisprudentiel avare de motivations, l'inefficacité pratique des décisions juridictionnelles, des codifications commodes pour les spécialistes mais d'un maigre secours pour les profanes : autant de facteurs mille et mille fois dénoncés.

Deux raisons avaient fait monter ces réticences du ton de la doléance à celui de la rébellion. La première était la lenteur de la justice administrative, à laquelle s'ajoutait la force d'inertie de l'Administration qui tardait souvent à exécuter les décisions qui la condamnaient. La seconde se trouvait dans la résistance longtemps opposée par le Conseil d'État au système juridico-judiciaire qui soustend la construction européenne ; primauté de l'ordre juridique communautaire sur les ordres juridiques nationaux, autorité directe des normes et des sentences communautaires, emprise de la Cour de Luxembourg sur les juridictions nationales.

Ces critiques se sont certes estompées. Les réformes, effectuées sous l'impulsion du juge administratif, tendent à rendre ce dernier plus proche du justiciable et à lui conférer une plus grande efficacité (pouvoirs d'injonction et d'astreinte, réforme des procédures d'urgence) et une rapidité accrue. La jurisprudence a évolué et s'est largement ouverte au droit communautaire.

Il n'en demeure pas moins que la juridiction administrative a perdu son monopole dans le contrôle de l'action administrative. Des transferts législatifs de compétence au profit de la juridiction judiciaire se sont multipliés, tandis que le Conseil constitutionnel, le Défenseur des droits, la Cour de justice de l'Union européenne et la Cour européenne des droits de l'homme participent aujourd'hui avec le juge administratif au contrôle de l'Administration. Les interférences entre les jurisprudences des différentes juridictions ont conduit à rechercher à assurer au mieux leur convergence par une volonté de coopération : l'arrêt du Conseil d'État CNB (2008) constitue une illustration significative de ce « dialogue des juges ».

2. **Un nouvel environnement normatif.** – Naguère élaboré par le Conseil d'État sans contraintes autres que quelques rares dispositions législatives, le droit administratif se voit aujourd'hui soumis à un environnement normatif inflationniste, voire quelque peu désordonné. Les textes de loi se multiplient, provoquant un certain déclin de la fonction jurisprudentielle, même s'ils introduisent plus d'exceptions ponctuelles qu'ils ne posent de principes. La loi mal rédigée, complexe, instable, incantatoire, « bavarde » est fréquemment dénoncée, et le Conseil constitutionnel doit veiller à l'intelligibilité et à la clarté des textes législatifs et censurer les lois non normatives. La révision constitutionnelle de 2008 vise à améliorer la qualité de la loi. Les ordonnances sont devenues un mode ordinaire de législation. Un mouvement de codification et de simplification administrative tend heureusement à rendre ce foisonnement de textes plus

accessible. À cela s'ajoute que, même si le Conseil constitutionnel n'est pas une cour suprême et n'a pas de pouvoirs de contrôle sur le Conseil d'État, ses décisions exercent une influence certaine sur la jurisprudence de ce dernier. La réciproque est d'ailleurs tout aussi vraie : la recherche d'une harmonie, voulue par les deux corps (particulièrement illustrée à travers la pratique de la question prioritaire de constitutionnalité), restreint l'autonomie de chacun. Il faut également mentionner les « lois du pays » qui ont un statut différent en Nouvelle-Calédonie et en Polynésie. On ne saurait oublier enfin l'importance croissante des normes internationales et européennes, qui contribue à la complexité normative et constitue un autre trait majeur de l'évolution contemporaine du droit administratif.

3. **Un nouveau paysage institutionnel.** – L'Administration se complique, ce qui entraîne une dispersion du pouvoir. La décentralisation, qui a acquis en 2003 un statut constitutionnel, la superposition de la région aux autres échelons, la place croissante faite aux spécificités locales, les collectivités à statut particulier, les collectivités d'outre-mer (qui ne comprennent pas la Nouvelle-Calédonie), l'enchevêtrement des compétences, la déconcentration, la multiplication des organismes de coopération (groupements d'intérêt public, EPCI : communautés urbaines, communautés de communes, communautés d'agglomération, métropoles), la prolifération des « autorités administratives indépendantes » qui échappent aux classifications classiques, le développement des « agences » (qui, sous des formes juridiques variées, se définissent par leur autonomie et l'exercice d'une responsabilité structurante dans la mise en œuvre des politiques publiques nationales), le transfert de certains pouvoirs au niveau européen : toutes ces évolutions, qui ne sont pas achevées, donnent un peu l'impression que devaient éprouver nos aïeux quand, sous Louis XV, des administrations d'un type nouveau se superposèrent, sans l'effacer, à l'administration du Roi-Soleil.

Si cette diversification provoque une multiplication des autorités investies du pouvoir normatif, ce dernier tend en même temps à décliner au profit de techniques conventionnelles. De plus en plus, l'Administration est faite de concertation et de consensus autant que de commandement. Les autorités négocient entre elles, et négocient avec les administrés. Les contrats entre personnes publiques se multiplient. L'État, les collectivités territoriales, les établissements publics, les universités deviennent des partenaires. Du fait de la complexité croissante de l'Administration et du droit administratif, le monument de style classique a laissé sa place au baroque (Braibant).

On ne saurait enfin faire abstraction de l'idéologie libérale qui prévaut aujourd'hui dans une large partie du monde et qui s'est traduite, en France comme ailleurs, par une politique de privatisation et par la déréglementation d'activités jusque-là étroitement contrôlées par la puissance publique. Cette évolution a affecté la conception du « service public à la française » et altéré l'équilibre des concepts et des règles auquel le droit administratif avait abouti, non sans mal, depuis la fin de la Seconde Guerre mondiale.

Quelque profonds qu'ils soient, ces changements n'affectent toutefois pas la problématique traditionnelle du droit administratif : conférer à l'Administration les moyens de ses fins, d'une part ; assurer la soumission de l'Administration au droit, d'autre part. Les thèmes de l'action et du contrôle constituent, aujourd'hui comme hier, la trame de notre discipline.

PREMIÈRE PARTIE

LE THÈME DE L'ACTION

Dans la conception classique, l'action administrative était tout entière marquée du sceau de l'autonomie par rapport à l'activité des particuliers : en vue des buts d'intérêt général qu'elle poursuit, l'Administration disposait de prérogatives de puissance publique, et cette conjonction de l'aspect organique (action émanée d'une personne publique), des fins et des moyens se traduisait par la soumission de l'action administrative à un droit spécial appliqué par une juridiction spéciale. Le trait saillant de cette conception résidait dans la jouissance par l'Administration de privilèges destinés à lui donner les moyens nécessaires à la réalisation de ses fins. Aussi la doctrine portait-elle toute son attention sur la théorie de la « décision exécutoire », sur les « privilèges » du préalable et de l'action d'office, sur le « pouvoir » de l'Administration d'assurer en toutes circonstances le maintien de l'ordre public et la bonne marche du service public, sur ses « prérogatives » en matière de contrats, etc. : toutes expressions révélatrices du climat « exorbitant du droit commun » dans lequel baignait l'action administrative et que nourrissait une jurisprudence chaque jour affinée du Conseil d'État.

La collectivité publique agissant dans un but d'intérêt général avec des moyens exorbitants du droit commun : sous l'influence des facteurs évoqués plus haut, cette constellation classique a éclaté dans trois directions. Les collectivités publiques n'ont plus le monopole de l'action administrative. Il n'est plus vrai que l'action administrative soit toujours menée avec des moyens exorbitants du droit commun. Le but d'intérêt général fait lui-même l'objet de nuances qui en estompent les contours. À la suite de cette dissociation, aujourd'hui consommée, entre les organes, les fins et les moyens, le régime juridique de l'action administrative est devenu d'une complexité telle qu'il est malaisé d'en démêler l'écheveau embrouillé.

Chapitre I

LA DISPERSION DES ORGANES : DE L'ACTION DIRECTE À L'ACTION INDIRECTE

Lorsque l'État ou les collectivités territoriales assument leurs missions directement, avec leur personnel et leurs moyens propres, on parle de services exploités en *régie,* c'est-à-dire sans création d'aucune personne morale. Sans doute le droit administratif d'avant 1914 connaissait-il déjà, à côté de cette gestion en régie, les formules de l'établissement public et de la concession de service public, dans lesquelles l'action administrative était confiée à une personne morale distincte ou même à un particulier ; mais l'établissement public était conçu alors comme étroitement rattaché à l'Administration, dont il se distinguait davantage par la fiction juridique que politiquement ou sociologiquement, et la concession de service public créait entre l'Administration et le concessionnaire des liens tels que ce mode de gestion n'était guère que l'exception confirmant la règle. Bref, en dépit de formes juridiques apparemment diverses, l'action administrative émanait en fait directement des organes administratifs proprement dits.

La situation actuelle est toute différente. Si les formes classiques n'ont pas disparu, elles ont subi des infléchissements qui en ont profondément altéré la nature. Non seulement des autorités nouvelles ont vu le jour, mais encore l'action administrative emprunte aujourd'hui fréquemment le canal de personnes juridiquement privées ou d'organismes hybrides dont la nature juridique est incertaine. On assiste ainsi, de plus en plus, à un véritable démantèlement de cette action.

I. – Les établissements publics

L'établissement public était traditionnellement défini comme un service public doté de la personnalité morale. Comme il s'agit encore d'une personne publique intégrée dans l'Administration, le phénomène de dislocation de l'action administrative peut paraître ici assez anodin. En réalité, l'établissement public a subi une profonde transformation : conçu à l'origine comme une simple entité juridique au sein même de l'Administration, il s'est progressivement détaché de cette dernière au point d'être souvent un organisme en marge de l'Administration, rattaché à celle-ci par des liens parfois ténus.

a) Primitivement, la formule de l'établissement public correspondait à la décentralisation par service. Très tôt, il est apparu nécessaire de doter certains services d'une autonomie juridique en leur conférant la personnalité morale qui leur permettrait d'agir sur la scène juridique. On cherchait ainsi à répondre à des préoccupations d'ordres variés : permettre les libéralités au profit de services d'assistance (hôpitaux, hospices, bureaux d'aide sociale) ou d'organismes culturels (Caisse des musées nationaux) ; assurer au service une certaine indépendance à l'égard du pouvoir (universités, facultés, lycées) ; faciliter la participation des intéressés à la gestion (organismes professionnels tels que les chambres de commerce).

L'établissement public demeurait intégré à l'Administration. S'il était doté de la personnalité morale, qui lui assurait l'autonomie financière et permettait la désignation de ses dirigeants, non seulement par voie de nomination, mais aussi par l'élection, il n'en restait pas moins une personne morale de droit public : ses agents étaient des fonctionnaires, ses deniers des deniers publics, sa comptabilité une comptabilité publique ; son activité était régie par le droit administratif et relevait du juge administratif. En sa qualité de personne publique gérant un service public, l'établissement public était soumis à une tutelle étroite qui permettait d'éviter l'effritement de l'autorité centrale et maintenait l'unité de l'action administrative. De là, l'importance de savoir si un organisme était un établissement public ou un organisme privé d'intérêt général : dans le premier cas on était *dans* l'Administration, dans le second on était *en dehors* ; la frontière séparait deux mondes. Aussi n'est-il pas étonnant que le critère de distinction ait été longtemps cherché du côté de l'origine de l'établissement, de sa détention de privilèges de puissance publique ou du degré de subordination de l'organisme à l'autorité publique : il y avait là des signes permettant de reconnaître si l'établissement faisait encore partie de l'Administration – auquel cas il avait la qualité d'un établissement public – ou s'il appartenait déjà au secteur privé – il était alors un établissement privé d'utilité publique.

b) Petit à petit, l'établissement public a glissé du dedans vers le dehors. Les raisons de cette tendance centrifuge sont multiples : donner l'impression que ce n'est pas l'Administration qui agit, mais un organisme autonome, dont la dénomination ne trahit pas le caractère public et qui obtiendra ainsi plus facilement la coopération des administrés ; échapper à la lourdeur souvent paralysante des règles de la comptabilité publique ; éluder le contrôle budgétaire ; donner aux fonctionnaires une liberté d'action plus grande. On aboutit ainsi à la création de centres de décision autonomes, distincts de ceux des administrations classiques : à la simple décentralisation par service succèdent un éclatement de l'autorité centrale et un morcellement de l'action administrative, de larges pans de cette dernière passant en fait de l'administration classique à des organismes autonomes parfois soustraits à tout contrôle efficace.

Tout en demeurant une personne publique, l'établissement public se trouve ainsi fréquemment à l'extrême limite de l'Administration et ne présente plus de différence substantielle avec l'organisme privé situé de l'autre côté de la frontière. Et cela d'autant plus que de nombreux établissements publics sont à présent soumis à un régime juridique de droit privé (établissements publics industriels et commerciaux qui ont proliféré pour échapper aux lourdeurs de la gestion publique, tantôt créés en tant que tels, tantôt résultant de la transformation d'un établissement public administratif) et que sont aujourd'hui baptisés établissements publics les organismes les plus divers, dont les liens avec l'Administration sont souvent distendus. Le problème de la distinction entre l'établissement public et l'établissement privé d'utilité publique change ainsi de sens. Naguère l'un était dans l'Administration, l'autre en dehors ; à présent, il s'agit de deux moyens d'action sensiblement analogues, dont le statut juridique ne constitue qu'un élément superficiel et quelque peu factice. Cela explique que la jurisprudence ait abandonné tout critère précis pour s'en tenir à un « faisceau d'indices » – dont la mise en œuvre est tributaire de considérations d'opportunité – visant à établir si le législateur a entendu faire vivre un organisme donné sous le régime du droit privé ou celui du droit public.

c) Parallèlement, les établissements publics se sont diversifiés et ont reçu des qualifications variées (établissements publics territoriaux, « à caractère scientifique, culturel et professionnel », « à caractère scientifique et technologique », « à caractère sanitaire et social », « de coopération culturelle ») qui révèlent la spécificité de leur mission, sans pour autant altérer la dichotomie classique entre l'établissement administratif et l'établissement industriel et commercial. Existent également des établissements publics « à double visage » qui reçoivent une qualification donnée mais exercent une double activité : au titre de leur mission administrative, ils relèvent du juge et du droit administratifs, tandis que leur activité industrielle et commerciale les soumet au juge et au droit judiciaires.

d) À côté des établissements publics, d'autres personnes publiques spécialisées sont apparues. Depuis 1982 se sont multipliés dans des secteurs variés de l'activité administrative – scientifique, technique, social, recherche, enseignement, éducation, etc. – des groupements d'intérêt public qui associent des personnes publiques entre elles ou avec des personnes privées. Ces groupements sont des personnes publiques, sans être pour autant des établissements publics. Une loi de 2011 vise à rationaliser leur régime. Il existe d'autres personnes publiques *sui generis,* tels la Banque de France ou l'Institut de France.

II. – **Les autorités administratives indépendantes**

La création des autorités administratives indépendantes – l'expression a été employée pour la première fois pour qualifier la Commission nationale de l'informatique et des libertés (loi de 1978) – a répondu au désir de mettre en place des organismes de régulation autonomes, essentiellement dans le secteur des libertés publiques et de l'activité économique. Il en existe un peu plus d'une trentaine. Autrefois dépourvues de la personnalité juridique, certaines l'ont désormais et sont qualifiées par le législateur d'autorités publiques indépendantes (Autorité des marchés financiers, Autorité de contrôle des assurances et des mutuelles, Haute Autorité de santé, Agence française de lutte contre le dopage…).

Ce sont des *autorités*, et à ce titre elles n'ont pas un simple pouvoir de gestion mais aussi de décision ; parfois même elles disposent du pouvoir réglementaire. Elles sont *administratives*, et non pas juridictionnelles, en dépit de leur fonction de contrôle et de répression. Elles appartiennent le plus souvent à l'Administration d'État, et sont soumises au contrôle du juge administratif, sous réserve des dispositions législatives qui donnent compétence à la cour d'appel de Paris pour connaître du contentieux de certaines d'entre elles, créées dans le domaine économique.

En raison de leur indépendance, assurée par leur statut, elles occupent une place particulière au sein de l'Administration. Elles échappent aux contrôles classiques, qu'ils soient de tutelle (puisqu'elles n'ont en général pas la personnalité juridique) ou hiérarchiques (puisqu'elles sont indépendantes) – ce qui a posé le problème de leur compatibilité avec l'article 20 de la Constitution (« le gouvernement dispose de l'Administration »). Organismes de composition variée – personnalité unique (Défenseur des droits), mais le plus souvent organisme collégial (CSA, Autorité de la concurrence, ARCEP, Agence française de lutte contre le dopage, Autorité de régulation des jeux en ligne, etc.), elles sont en marge de l'administration classique et contribuent à accentuer le mouvement de démembrement du pouvoir central. Leur prolifération a conduit à les regrouper.

III. – **Les organismes privés**

L'administration n'est plus seulement dans l'Administration : l'action administrative a, en effet, débordé du cadre des personnes publiques proprement dites et, audelà même des établissements publics les plus décentralisés et des autorités les plus indépendantes, elle intègre aujourd'hui des personnes privées. Ce phénomène revêt un double aspect.

1. **La collaboration des particuliers à des tâches d'intérêt général.** – Dès le milieu du XIXe siècle, l'Administration a confié l'exécution de certains services publics de caractère technique à des entrepreneurs privés qu'elle estimait mieux équipés qu'elle pour les assurer de façon satisfaisante. Telle est l'origine de la formule de la concession de service public, par laquelle une collectivité publique charge un particulier, par une convention, d'assurer un service public à ses risques et périls, en se rémunérant par des redevances perçues sur les usagers.

La formule de la concession a subi une évolution inverse de celle de l'établissement public : alors que l'établissement public s'est rapproché des personnes privées, la concession s'est intégrée davantage à l'Administration.

À l'origine, le concessionnaire était un véritable entrepreneur, qui assumait les profits et les risques d'une gestion capitaliste. L'Administration du XIXe siècle ne désirait pas se charger de l'exploitation des services publics des chemins de fer, du gaz, de l'électricité, de l'eau, etc., car ces services exigeaient des investissements considérables et une compétence économique que l'État libéral ne se reconnaissait pas. Aussi confiait-on l'établissement de l'infrastructure et l'exploitation du service à une société privée, l'Administration se bornant à veiller à ce que le concessionnaire s'acquitte correctement de sa mission de gérant d'un service public. Tout le droit de la concession, élaboré par le Conseil d'État pendant la période classique, repose sur ces idées très simples.

Entrepreneur privé, le concessionnaire avait droit non seulement à la perception des redevances prévues, mais encore au maintien de l'équilibre financier du contrat : d'où l'application à la concession des théories de l'imprévision et du fait du prince, étendues par la suite à tous les contrats administratifs. De même, le personnel du concessionnaire était un personnel de droit privé, et les contrats conclus par le concessionnaire avec les tiers et les usagers des contrats de droit commun.

Gérant un service public, le concessionnaire était cependant soumis à un étroit contrôle de la part de l'Administration. Le contrat de concession comprenait, à côté de clauses contractuelles, des dispositions de caractère réglementaire, que l'Administration pouvait modifier unilatéralement à tout moment : c'étaient celles qui concernaient l'organisation et le fonctionnement du service. Le concessionnaire était assujetti à l'obligation d'exécuter son contrat dans des conditions particulièrement strictes : il devait assurer, notamment, la continuité du service et l'égalité de tous les usagers devant ce dernier ; ses agents étaient astreints à l'obligation de continuité, et leur grève était soumise aux mêmes règles que celle des agents publics. Enfin, les obligations du concessionnaire étaient sanctionnées de façon très sévère : amendes, mise sous séquestre, déchéance.

Ces règles continuent de s'appliquer, mais elles régissent aujourd'hui une réalité différente. Dans un premier temps, soucieux d'assurer la continuité du service menacée par la ruine du concessionnaire, le concédant a été conduit à aider toujours davantage ce dernier sur le plan financier : la longue histoire des avances de l'État aux compagnies de chemins de fer, avant la création de la SNCF en 1937, en constitue la meilleure illustration. De la sorte, « le mariage de l'autorité publique et de l'entrepreneur privé est passé d'un régime de séparation de biens à un régime de communauté » (Rivero). En second lieu, la concession est fréquemment accordée à des organismes dont la forme juridique est celle d'une société anonyme, mais dont la majorité, voire la totalité du capital a été souscrite par des collectivités publiques ou dont le contrôle appartient en fait à l'État : tel a été le cas de la SNCF jusqu'à ce qu'une loi de 1982 lui retire la qualité de concessionnaire de l'État en même temps qu'elle la transforme en établissement public industriel et commercial ; tel est encore le cas, malgré le désengagement progressif de l'État, des sociétés d'économie mixte concessionnaires des autoroutes, des tunnels routiers internationaux, des ponts à péage ou des parcs de stationnement ainsi que des multiples sociétés d'économie mixte d'équipement du territoire ou créées pour des opérations d'urbanisme. Encore plus remarquable est l'octroi d'une concession à un véritable établissement public, comme c'est le cas des chambres de commerce concessionnaires d'installations portuaires ou d'aéroports, ou, naguère, d'Électricité de France ou de Gaz de France. Le droit classique de la concession s'applique certes dans toutes ces hypothèses ; il est devenu cependant une coquille vide, une simple forme juridique.

Le phénomène de l'association des particuliers à des tâches administratives ne se limite pas à celui de la concession ni plus largement à celui de la délégation. L'exploitation de transports en commun, d'outillages portuaires, d'activités scientifiques, hospitalières, culturelles, sportives ou éducatives : autant de tâches qui, bien qu'assumées par des personnes privées, intéressent au premier chef l'intérêt général et constituent de véritables services publics. Cette privatisation, qui est dans l'esprit du temps et se trouve encouragée par les institutions communautaires, accroît la précarité de la distinction entre action administrative et organe administratif.

2. **La création, par les pouvoirs publics, d'organes d'intervention dotés de la forme juridique d'organismes privés.** – L'Administration ne se contente pas d'associer des particuliers à son action. Pour des raisons de commodité, elle crée de toutes pièces des organismes de droit privé destinés à lui permettre d'accomplir sa mission. À côté des personnes authentiquement privées collaborant à des tâches d'intérêt général, il existe ainsi des organismes facticement privés qui sont en réalité des organes administratifs et dont le caractère privé ne constitue qu'une façade.

Ainsi la technique de la *société anonyme* est-elle souvent utilisée par la puissance publique aux fins d'assumer une activité de caractère économique. Les variantes les plus diverses se rencontrent. En dehors de l'hypothèse extrême où l'État crée une société dont la totalité des actions lui appartient, on trouve des sociétés dans lesquelles les collectivités publiques ont souscrit la quasi-totalité ou une part appréciable du capital, ou dont elles détiennent en fait le contrôle. Ces sociétés d'économie mixte associent tantôt des capitaux publics et des capitaux privés – tel était leur objet à l'origine –, tantôt des capitaux publics d'origines diverses. La formule de la société anonyme sert ainsi à rompre le cloisonnement administratif et à associer des collectivités publiques ou semi-publiques à une même tâche. La présence des collectivités publiques peut d'ailleurs être plus ou moins affichée : l'État peut participer à une société soit sous son nom, soit par le canal d'organismes divers. Grâce à la Caisse des dépôts et consignations, l'État est largement présent dans le secteur de l'équipement du territoire. Ces organismes créent fréquemment des filiales qui les associent entre eux ou avec des entreprises privées, diluant toujours davantage la présence de collectivités publiques à travers les mille formes de l'action administrative. Depuis 2010 se développent les sociétés publiques locales. Par ailleurs, les contrats de partenariat public-privé se multiplient.

La création d'*associations* – dont certains membres sont parfois eux-mêmes des personnes publiques – constitue un aspect important de l'éparpillement de l'action administrative. Si le recours à la technique de la société anonyme pour des activités de caractère économique pouvait se justifier par les exigences propres de ces dernières, les motifs du recours à la formule de l'association sont moins convaincants. Pour acquérir la souplesse nécessaire à une action efficace, pour obtenir le concours des chefs d'entreprise dont la collaboration est parfois nécessaire, pour surmonter les obstacles nés du statut de la fonction publique, pour obtenir la collaboration de fonctionnaires provenant de plusieurs ministères, on crée une association de la loi de 1901. L'État se joue en quelque sorte la comédie à lui-même : plutôt que d'abroger des réglementations pesantes, il préfère les tourner en faisant transiter l'action administrative par des organismes dont le caractère juridique permet d'échapper à tout contrôle et à toute contrainte alors même qu'ils ne constituent qu'un prolongement déguisé de l'Administration.

Existent également de nombreux organismes innommés, créés de toutes pièces par les pouvoirs publics en vue d'assurer, sous l'empire du droit privé, une mission de service public. C'est ainsi que les caisses primaires et régionales de sécurité sociale et d'allocations familiales ont été instituées sous la forme juridique de sociétés mutualistes, ce qui permet de soumettre au droit privé et à la compétence judiciaire tous les rapports de ces caisses avec les personnes qui cotisent, celles qui perçoivent des prestations, ou avec les syndicats médicaux, etc.

L'action administrative emprunte parfois des formes plus subtiles encore et recourt à des organismes de nature juridique innommée, dont il est difficile de déterminer avec certitude s'ils sont des personnes publiques ou des personnes privées. L'exemple classique est celui des organismes de direction de l'économie pendant la guerre et des ordres professionnels, dont le Conseil d'État avait commencé par déclarer (CE, Monpeurt, 1942 ; Bouguen, 1943) qu'ils n'étaient pas des établissements publics même s'ils étaient soumis en partie au droit public, avant de se prononcer explicitement en faveur de leur caractère privé (dans le cas des groupements d'intérêt public, c'est la nature publique qui l'a emporté).

Cette multiplication des organes intermédiaires d'intervention provoque un démantèlement de l'Administration. Les raisons avancées ne sont certes pas sans valeur. La plupart d'entre elles tiennent à la rigidité des règles administratives, et l'on peut se demander s'il n'y a pas là un symptôme qui appelle une réforme de l'ensemble des structures et des réglementations de l'Administration. Mais les inconvénients de la prolifération des « organismes parallèles » ne peuvent être négligés. L'action administrative devient difficile à cerner, car elle englobe désormais, au-delà de l'activité des organes administratifs proprement dits, celle de personnes et d'organismes de statuts divers qui, tout en étant distincts de l'Administration elle-même, vivent plus ou moins dans son orbite. Le recours à la formule de la société ou de l'association n'est souvent qu'une fiction, puisqu'il s'agit d'appliquer les principes régissant ces institutions à des organismes qui n'ont, dans leur substance, rien de commun avec une société ou une association. La distinction des personnes publiques et des personnes privées est devenue insaisissable. Le caractère plus ou moins étroit des liens d'un organisme avec l'Administration, l'existence d'un contrôle de la part des pouvoirs publics, le but en vue duquel son activité est exercée, la circonstance que le législateur l'a doté de prérogatives de puissance publique : aucun de ces éléments n'est plus à lui seul déterminant. Ce qui compte, c'est la volonté du législateur – que le juge doit reconstituer si elle n'a pas été clairement exprimée – de faire vivre l'organisme en cause sous l'empire des règles du droit public ou du droit privé, et dans cette détermination les considérations d'opportunité prévalent souvent. L'existence d'un authentique centre de décision n'est plus liée à la forme juridique employée. Parmi les entreprises publiques (dont le nombre a progressivement diminué au fil de la politique de privatisation), les unes ont le caractère d'établissement public (SNCF, Réseau ferré de France, etc.), d'autres sont des personnes publiques *sui generis* (Banque de France), d'autres des sociétés privées (France Télécom, La Poste, SEITA, EDF), sans que les formes retenues exercent une influence appréciable sur la réalité des rapports de ces entreprises avec l'Administration.

Si le droit administratif a pu atteindre les limites extrêmes de la complexité, c'est à cette dislocation de l'action administrative qu'il le doit en grande partie. Le droit se prête à bien des manipulations ; ce n'est pas impunément, cependant, que l'on étouffe systématiquement la réalité sous la fiction.

Chapitre II

LA DIVERSIFICATION DES MOYENS : DES PRÉROGATIVES AUX SUJÉTIONS ET DE LA GESTION PUBLIQUE À LA GESTION PRIVÉE

Pour la doctrine classique, l'action administrative était caractérisée par l'inégalité entre l'Administration et les administrés, par l'existence au profit de celle-là de pouvoirs n'appartenant pas à ceux-ci. Ces propositions doivent aujourd'hui être nuancées : les moyens exorbitants du droit commun peuvent consister non seulement en des prérogatives, mais aussi en des sujétions ; et l'action administrative, quel que soit l'organe dont elle émane, utilise de moins en moins des moyens exorbitants du droit commun et abandonne souvent la « gestion publique » au profit de la « gestion privée ». À la dispersion des organes s'ajoute ainsi la diversification des moyens.

I. – Prérogatives et sujétions

Pendant longtemps, l'accent a été mis sur les prérogatives de puissance publique dont dispose l'Administration, et il est de fait que ces prérogatives se rencontrent dans presque toutes les matières du droit administratif. C'est par la prérogative que se manifeste la présence du pouvoir dans l'action administrative et que le droit administratif se rattache au reste du droit public, et en particulier au droit constitutionnel, puisque la prérogative est l'expression de la part de la souveraineté de l'État attribuée au pouvoir gouvernemental.

La dérogation au droit commun ne joue pas toujours dans le sens de la majoration des droits de l'Administration, mais parfois aussi dans celui de leur réduction. Les particuliers choisissent librement leurs buts ; l'Administration est astreinte à la poursuite de l'intérêt général et, plus strictement encore, à la poursuite du but précis assigné par la loi à chaque type de pouvoir. Les particuliers choisissent librement leurs employés et leurs cocontractants ; l'Administration est assujettie à des règles sévères pour le recrutement de ses agents et le choix de ses cocontractants. L'exercice de sa capacité juridique par un particulier est toujours facultatif ; l'exercice de sa compétence par une autorité administrative ne peut faire l'objet d'une renonciation ou d'une délégation. Ainsi, à côté de l'« Administration impérieuse », il y a l'« Administration ligotée » ; « à côté de la puissance publique, la servitude publique » (Rivero).

Ce mélange de dérogations en plus et en moins, fondées sur l'imbrication des idées de puissance et de service (Chevallier), qui tend à adapter exactement les moyens de l'action administrative à sa mission, caractérise l'ensemble des éléments exorbitants de cette action : actes juridiques, fonction publique, régime des biens et travaux publics.

1. **Les actes juridiques.** – L'action administrative recourt essentiellement à la décision unilatérale qui constitue l'un des aspects les plus originaux du droit administratif. Mais le procédé contractuel, de plus en plus utilisé, notamment dans le cadre de l'interventionnisme économique et de la décentralisation, donne lui-même lieu, lorsqu'il s'agit de contrats administratifs, à un ensemble remarquable de prérogatives et de sujétions.

A) *La théorie de la « décision exécutoire ».* – Un particulier ne peut en principe voir naître à son profit des droits ou à sa charge des obligations qu'avec son consentement ou en vertu d'une décision de justice. L'Administration, elle, peut modifier unilatéralement la situation juridique des administrés sans recourir au juge : elle n'émet pas de simples prétentions, elle prend de véritables décisions qui constituent des manifestations de volonté en vue de produire des effets de droit.

Il n'y a pas décision lorsque l'acte de l'Administration n'affecte pas l'ordonnancement juridique : un vœu, un avis, une proposition, l'ouverture d'une enquête, etc. ne sont pas des décisions. Il en va de même des mesures d'ordre intérieur, qui concernent le fonctionnement interne de l'Administration et qui, bien qu'ayant des répercussions sur les intéressés, ne modifient pas leur statut juridique (mesures de discipline intérieure dans l'armée, les prisons ou les établissements scolaires, par ex.). Cette catégorie est en voie de régression (CE, Marie et Hardouin, 1995), notamment dans le domaine pénitentiaire. Ni les circulaires et instructions de service adressées par les chefs de service à leurs subordonnés en vue de leur indiquer comment interpréter et exécuter les lois et règlements, ni les directives par lesquelles l'Administration fait connaître à l'avance, sans portée contraignante, comment elle entend exercer son pouvoir discrétionnaire, ne constituent à proprement parler des décisions ; cependant, lorsque l'autorité compétente a utilisé une de ces formes pour édicter une règle impérative, le Conseil d'État y voit une véritable décision ; une loi de 1978 complétée par un décret de 2008 a par ailleurs prescrit la publication des circulaires et des directives.

La décision donne lieu à l'application de deux prérogatives remarquables. En premier lieu, le privilège du préalable, « règle fondamentale du droit public » (CE, Huglo, 1982), qui signifie que la décision modifie immédiatement l'ordre juridique : le particulier peut certes contester sa validité devant le juge, mais le recours n'a pas d'effet suspensif et, en attendant l'annulation éventuelle, la décision reçoit exécution. En second lieu, le privilège de l'exécution d'office, qui permet à l'Administration d'utiliser la force si le particulier n'exécute pas de bon gré : toutefois, ce privilège ne joue que s'il n'existe aucun autre moyen de pression sur l'intéressé (sanction pénale, recours au juge civil ou au juge administratif des référés) ou s'il y a urgence à faire exécuter la décision.

Élaborée par la doctrine classique à propos des décisions prises par les personnes publiques, cette théorie recouvre aujourd'hui l'ensemble de l'action administrative, quelle que soit la nature juridique de l'organisme dont elle émane. Les organismes privés gérant un service public dotés « d'un pouvoir de décision qui constitue une prérogative de puissance publique » peuvent également édicter des actes administratifs susceptibles de recours pour excès de pouvoir.

Mais la théorie comporte aussi certaines sujétions pour l'Administration. S'il s'agit d'une décision individuelle créatrice de droits, elle devient en principe intangible à l'expiration d'un délai de quatre mois suivant la prise de la décision (CE, Ternon, 2001) et l'Administration ne peut plus la retirer, même si elle est illégale : le principe de l'intangibilité des décisions individuelles créatrices de droit est l'une des constructions les plus originales de la jurisprudence. On peut signaler aussi que les décisions, qu'elles soient réglementaires ou individuelles, ne peuvent avoir un effet rétroactif et que, si elles sont juridiquement parfaites dès leur signature, elles ne sont opposables aux particuliers qu'après avoir été publiées ou notifiées.

À cette théorie se rattachent divers pouvoirs reconnus à l'Administration par les textes ou par la jurisprudence, en vue de lui assurer les moyens nécessaires à la réalisation de ses fins d'intérêt général.

LE POUVOIR RÉGLEMENTAIRE est la faculté de prendre des décisions de caractère général et impersonnel. Ses titulaires se sont multipliés. La Constitution accorde ce pouvoir au Premier ministre (art. 21), sous réserve des dispositions de l'article 13 qui donnent compétence au président de la République pour signer les ordonnances et décrets délibérés en Conseil des ministres – c'est-à-dire ceux qui sont effectivement délibérés en Conseil des ministres, et non pas seulement ceux pour lesquels un texte prescrit cette délibération. Elle le reconnaît, depuis 2003, aux collectivités territoriales « pour l'exercice de leurs compétences » (art. 72). La loi le confère aux préfets, à certaines autorités administratives indépendantes (CNIL, CSA, CRE...) ou à certains organismes privés (ordres professionnels, fédérations sportives).

Par ailleurs, la jurisprudence reconnaît à tout chef de service, notamment aux ministres, le pouvoir de « prendre les mesures nécessaires au bon fonctionnement de l'Administration placée sous leur autorité » (CE, Jamart, 1936).

En dehors de cette hypothèse et de celle où un texte le leur accorde, les ministres ne disposent pas du pouvoir réglementaire : aussi l'arrêté ou la circulaire ministérielle comportant des dispositions réglementaires encourent-ils l'annulation. Cette jurisprudence comportait toutefois des inconvénients dans le domaine économique où la loi confie souvent à l'Administration le soin d'accorder des autorisations ou agréments comportant divers avantages, notamment fiscaux, à des entreprises privées sans spécifier leurs conditions d'octroi ; pour conférer une certaine cohérence à l'action administrative, les ministres ont pris l'habitude de définir à l'avance ces conditions. Après avoir condamné cette pratique comme incompatible avec l'absence de pouvoir réglementaire des ministres, le Conseil d'État a fini par leur reconnaître un *pouvoir d'orientation* leur permettant d'élaborer non pas de véritables règlements, mais des directives indiquant comment l'Administration entend exercer son pouvoir d'appréciation. Le juge administratif se réserve de contrôler la conformité de ces directives aux buts envisagés par la loi, et les décisions prises en application de ces normes d'orientation ne seront elles-mêmes légales que si les intéressés ne peuvent pas faire valoir une particularité de leur situation ou une considération d'intérêt général justifiant qu'il y soit dérogé (CE, Crédit foncier de France, 1970).

La théorie du pouvoir réglementaire abonde en traits spécifiques. Un règlement ne crée pas de droits acquis, en ce sens que les avantages accordés par un règlement peuvent toujours être modifiés ou supprimés par un autre règlement, car l'Administration doit être en mesure d'adapter la réglementation aux nécessités du moment. Les restrictions à ce principe de la mutabilité du règlement résident dans l'interdiction faite à l'Administration de donner à ces modifications un effet rétroactif et, au nom du principe de sécurité juridique, dans la nécessité d'édicter les mesures transitoires qu'implique parfois une réglementation nouvelle (CE, KPMG, 2006). Le même souci de permettre l'adaptation de la réglementation aux nécessités du moment a conduit le Conseil d'État à permettre aux administrés d'exiger de l'Administration la modification de règlements ne correspondant plus à la situation actuelle. Enfin, l'Administration est tenue d'abroger à tout moment un règlement illégal (CE, Alitalia, 1989, loi de 2007).

LE POUVOIR DE POLICE, autre aspect de la théorie de la décision exécutoire, consiste à limiter la libre action des particuliers par des décisions dont le but est d'assurer l'ordre public. Certaines restrictions sont prévues par la loi elle-même (par exemple, nécessité d'un visa ministériel pour l'exploitation d'un film), mais l'Administration peut aller au-delà de ces restrictions lorsque les circonstances l'exigent. Ce pouvoir est établi par des textes au profit du maire, du préfet et du président du conseil général, mais le Conseil d'État a estimé qu'il appartient à l'autorité exécutive investie du pouvoir réglementaire, « en dehors de toute délégation législative et en vertu de ses pouvoirs propres, de déterminer celles des mesures de police qui doivent… être appliquées dans l'ensemble du territoire » (CE, Labonne, 1919).

Le souci du Conseil d'État de doter l'Administration des pouvoirs nécessaires au maintien de l'ordre public inspire la jurisprudence. L'autorité de police inférieure conserve la faculté de rendre plus contraignantes les mesures prises par l'autorité supérieure : un maire peut aggraver pour sa commune les prescriptions du Code de la route ; il peut contribuer à la protection des mineurs par des arrêtés « couvre-feu » lorsqu'ils sont justifiés par l'existence de risques particuliers. S'agissant du concours d'une police spéciale et de la police générale, un maire peut également interdire la projection d'un film revêtu du visa ministériel d'exploitation, lorsque cette projection « est susceptible d'entraîner des troubles sérieux ou d'être, à raison du caractère immoral dudit film et de circonstances locales, préjudiciable à l'ordre public », mais il ne peut règlementer l'implantation des antennes de téléphonie mobile (CE, Cne de Saint-Denis, 2011) ou la dissémination volontaire d'OGM. La notion d'ordre public est entendue de façon extensive : elle recouvre l'ordre matériel, la sécurité, la salubrité, la tranquillité publiques, le respect de la dignité de la personne humaine ; elle atteint même parfois la moralité. La prise en considération de finalités esthétiques ou de la protection de l'environnement relève en revanche de polices spéciales. La mesure de police doit intervenir rapidement : elle n'a pas à être précédée du respect des « droits de la défense » quelle que soit sa gravité. Elle doit être adaptée aux besoins du moment ; elle n'est donc pas créatrice de droits et peut à tout moment être rapportée par l'Administration. En raison des dangers qu'il présente pour les libertés, le pouvoir de police n'existe donc que dans la mesure où il est nécessaire, et son exercice est soumis à un contrôle étroit du juge administratif dont l'efficacité est réelle grâce aux procédures d'urgence.

LA THÉORIE DES POUVOIRS IMPLICITES. – Si cette expression n'est pas courante en droit administratif, la notion n'en est pas moins sous-jacente à la jurisprudence. Le Conseil d'État reconnaît en effet, d'une façon générale, aux organes participant à l'action administrative les pouvoirs nécessaires à l'accomplissement de leur mission.

On en a vu un exemple avec l'octroi à tout chef de service du pouvoir de « prendre les mesures nécessaires au bon fonctionnement de l'administration placée sous son autorité » ; de là dérive notamment le pouvoir de tout chef de service d'adresser par voie de circulaires des instructions à leurs subordonnés. De même, le Conseil d'État estime qu'en confiant aux ordres professionnels « la mission d'assurer la défense de l'honneur et de l'indépendance des professions », le législateur a « entendu attribuer auxdites autorités l'ensemble des pouvoirs nécessaires à l'accomplissement de cette mission », notamment celui d'imposer aux libertés des membres de la profession des restrictions qui « dérivent nécessairement des obligations qui incombent à l'ordre et des mesures qu'impliquent ces obligations » (Comité de défense des libertés professionnelles des experts-comptables brevetés par l'État, 1950). De même, la mission d'« exécution des lois » que la Constitution confie traditionnellement au gouvernement implique le pouvoir de « veiller à ce qu'à toute époque les services publics... soient en état de fonctionner » : l'idée que le gouvernement, responsable du bon fonctionnement des services publics, doit disposer des pouvoirs nécessaires à l'accomplissement de cette mission traverse l'ensemble de la jurisprudence. Elle a pour corollaire le principe, évoqué plus haut, que le gouvernement, chargé d'assurer l'exécution des lois, est investi du pouvoir d'assurer en toutes circonstances le maintien de l'ordre public.

B) *La théorie des contrats administratifs.* – L'administration passe aussi bien des contrats de droit privé, soumis aux règles du Code civil, que des contrats administratifs. Ce qui caractérise le contrat administratif, est un ensemble original de prérogatives et de sujétions, inspirées toutes de la finalité de l'action administrative.

Les prérogatives, inhérentes à la notion de « clauses exorbitantes » qui constitue l'un des critères du contrat administratif, se manifestent surtout dans l'exécution du contrat, régie par des règles sans équivalent dans les contrats privés. L'Administration peut modifier unilatéralement les obligations du contractant en vue de les adapter aux nécessités du service public ; elle peut même mettre fin au contrat si les besoins du service l'exigent. Il faut évoquer également le pouvoir de l'Administration de prononcer à l'égard d'un cocontractant négligent des sanctions, même non prévues au contrat, sans constatation préalable de la faute par le juge : la décision exécutoire réapparaît ainsi au sein du contrat.

Quant aux sujétions, elles apparaissent dès le stade de la formation du contrat : l'Administration ne dispose pas d'une compétence discrétionnaire pour choisir son cocontractant. Elle est tenue à des obligations de publicité et de mise en concurrence, sous le contrôle du juge des référés précontractuels et contractuels pour les contrats de la commande publique ; elle est limitée dans le choix de la durée et de la prolongation des délégations de service public. La validité des contrats est examinée au regard du droit de la concurrence français et communautaire (CE, Million et Marais, 1997). « Les concurrents évincés » disposent devant le juge du plein contentieux d'un recours en contestation de la validité des contrats (CE, Tropic travaux signalisation, 2007), qui a inspiré le recours désormais ouvert aux parties, largement remodelé par rapport à leur ancien recours en nullité ; le cocontractant peut former un recours tendant à la reprise des relations contractuelles si son contrat a été irrégulièrement résilié (CE, Cne de Béziers, 2009 et 2011).

En contrepartie des prérogatives de l'Administration dans l'exécution du contrat, le cocontractant a droit non seulement à la rémunération prévue, mais encore au rétablissement de l'équilibre financier du contrat (par révision du marché ou allocation d'une indemnité) lorsque celui-ci a été altéré. On rencontre ici les théories, propres au contrat administratif, du fait du prince (aggravation des charges du cocontractant par l'Administration partie au contrat) et surtout de l'imprévision (bouleversement de l'économie du contrat par un fait extérieur aux parties : événement économique, politique ou naturel, ou décision de l'autorité publique non contractante : CE, Gaz de Bordeaux, 1916). Ainsi, face aux traditionnelles immutabilités et rigidités du contrat privé, on peut parler de la mutabilité et de la flexibilité du contrat administratif.

2. **Le droit de la fonction publique.** – L'État a besoin, pour assumer ses missions, de collaborateurs qui exécutent les ordres du gouvernement et possèdent les qualités techniques et humaines nécessaires à l'accomplissement de leurs fonctions. Pour ce faire, il doit assurer la subordination des agents publics au pouvoir et établir un régime juridique de la fonction publique propre à réaliser les fins requises. Il ne saurait pour autant négliger d'assurer à ses collaborateurs une sécurité et une stabilité suffisantes. Ces considérations, à la fois politiques et techniques, expliquent que le droit de la fonction publique repose sur des principes différents de ceux qui inspirent le louage de services du Code civil ou le droit du travail. Sans doute l'accroissement du nombre des agents publics et l'introduction du syndicalisme dans la fonction publique ont-ils rapproché les revendications du secteur public et celles du secteur privé (la loi de 2010 sur le dialogue social est une manifestation de l'alignement sur le droit du travail) : le droit de la fonction publique n'en conserve pas moins, dans ses fondements mêmes, une autonomie. Les lignes de force en ont été tracées par une abondante jurisprudence, et finalement consacrées par un statut législatif en 1946 ; le texte de base est, pour les fonctionnaires civils de l'État, la loi du 13 juillet 1983. La fonction publique est désormais, sauf exceptions, ouverte aux ressortissants européens.

Le fonctionnaire est dans une situation légale et réglementaire. Ses droits et obligations sont définis par des règles qui s'appliquent à tous les agents de sa catégorie. Il en résulte que les conditions d'emploi ne peuvent pas faire l'objet d'une convention et que la nomination ne revêt pas un caractère contractuel : elle est un « acte-condition » qui applique à l'intéressé l'ensemble des règles régissant sa fonction. Il en résulte également qu'un fonctionnaire n'a pas de droit acquis au maintien de la réglementation en vigueur lors de son entrée en fonction, c'est-à-dire que ses droits et obligations peuvent à tout moment être modifiés unilatéralement par l'État (sous la réserve que ces modifications ne peuvent avoir une portée rétroactive). Ainsi se trouve assurée l'adaptation des règles de la fonction publique aux nécessités du moment. Sans doute les modifications font-elles souvent l'objet de discussions entre le gouvernement et les syndicats ; il n'en demeure pas moins que le caractère statutaire de la situation du fonctionnaire le distingue du salarié privé. Une évolution pourrait cependant se produire au regard des exigences européennes et des différents rapports préconisant une fonction publique « de métier », faisant largement place au contrat (le nombre actuellement très élevé des agents publics contractuels est toutefois ressenti comme une anomalie ; leur situation a fait l'objet d'une loi en 2012 portant notamment sur le recours aux CDI et sur les conditions de leur titularisation).

A) L'Administration ne dispose pas d'un pouvoir discrétionnaire pour le recrutement de ses fonctionnaires. Elle doit respecter le principe de l'égale admissibilité des citoyens aux emplois publics et ne peut tenir compte du sexe, de la religion ou des opinions politiques des candidats. Elle doit en principe procéder au recrutement par la voie du concours (dont les modalités sont en voie de modification par une professionnalisation des épreuves et qui est parfois remplacé par des entretiens personnalisés).

B) Le fonctionnaire doit pouvoir compter sur le déroulement normal de sa carrière. Les textes et la jurisprudence ont posé des règles précises en matière d'avancement et de positions des fonctionnaires (activité, mise à disposition, détachement, disponibilité, etc.). Le fonctionnaire trouve sa place dans une organisation complexe, faite de « corps » et de « catégories » ; il est titulaire d'un « grade » et occupe un « emploi ». À ce titre, il a droit à une rémunération, c'est-à-dire à un traitement prolongé par une pension de retraite, fixés l'un et l'autre par les lois et règlements.

C) Le droit français a élaboré des solutions nuancées et originales en matière de libertés publiques du fonctionnaire qui, s'il demeure un « citoyen spécial » (Hauriou), jouit de plus de liberté que dans maints pays étrangers. La liberté de conscience est entière, et l'Administration ne peut tenir compte des opinions de l'intéressé dans les décisions qu'elle prend à son égard. La liberté d'expression est limitée dans l'exécution du service, car le fonctionnaire doit observer dans ses fonctions une attitude de stricte neutralité (notamment religieuse) ; en dehors du service, l'agent peut exprimer librement ses opinions, notamment adhérer à un parti politique, à condition de garder une certaine « réserve » afin de ne pas entraver, par son attitude, le fonctionnement normal du service public. La liberté syndicale est établie depuis 1946, et l'on sait le rôle que les syndicats de fonctionnaires jouent dans la pratique. Enfin, le droit de grève, qui « s'exerce dans le cadre des lois qui le réglementent », constitue un droit constitutionnel, mais le législateur peut apporter à ce droit les limitations nécessaires en vue d'assurer la continuité du service public, limitations qui peuvent dans certains cas aller jusqu'à l'interdiction (Cons. const., 1979). Les lois intervenues sont peu nombreuses (prohibition de la grève pour les personnels de police, les personnels pénitentiaires, les magistrats, les militaires et certains personnels de la navigation aérienne ; institution, par une loi de 1963, d'une procédure de préavis et interdiction des grèves tournantes ; exigence d'un « service minimum » à la radio et à la télévision ; loi de 2007 sur la continuité du service public dans les transports terrestres réguliers de voyageurs ; loi de 2008 sur le droit d'accueil pour les élèves pendant le temps scolaire). Le Conseil d'État reconnaît aux fonctionnaires le droit de grève, mais le gouvernement, responsable du bon fonctionnement des services publics, fixe lui-même, sous le contrôle du juge, la nature et l'étendue des limitations qui doivent être apportées à ce droit en vue d'en éviter un usage abusif ou contraire aux nécessités de l'ordre public (CE, Dehaene, 1950). Les fonctionnaires bénéficient également depuis 1995 du « droit de retrait ».

L'Administration dispose de pouvoirs beaucoup plus larges à l'égard des titulaires des emplois supérieurs « à la décision du gouvernement » (préfets, recteurs, ambassadeurs, directeurs d'administration centrale, etc.), qui doivent une loyauté totale au gouvernement.

D) Les obligations des fonctionnaires (notamment le respect de la déontologie dont l'importance se manifeste à travers la prévention des conflits d'intérêt ou la limitation du « pantouflage » [CE, Lambda, 1996]) sont sanctionnées par une répression disciplinaire dont le régime présente des garanties sérieuses pour les intéressés (respect de la présomption d'innocence, motivation des sanctions, droit à la communication du dossier et intervention d'un conseil disciplinaire), mais réserve toujours le pouvoir de décision de l'Administration.

3. **Le régime des biens.** – Il se caractérise, là encore, à la fois par des prérogatives et des sujétions qui le différencient du régime de la propriété privée.

Les prérogatives se manifestent surtout lors de l'acquisition des biens. Pour se procurer des immeubles, l'Administration peut en effet utiliser, outre les modes du droit commun, le procédé de l'expropriation pour cause d'utilité publique : il lui suffit de prendre un acte déclaratif d'utilité publique et de faire décider par l'autorité judiciaire le transfert de propriété et le montant de l'indemnité. Elle dispose d'un droit de préemption et, par la procédure de l'alignement, elle peut modifier les limites de la voie publique : les propriétés privées non bâties incluses dans le nouveau tracé de la voie sont immédiatement incorporées au domaine ; les propriétés bâties sont frappées de la servitude de reculement qui interdit les travaux confortatifs afin de ne pas retarder le moment où l'immeuble sera détruit et où le terrain pourra être incorporé à la voie. Quant au domaine public naturel (fleuves, rivages de la mer, etc.), l'Administration peut le délimiter unilatéralement, sans recourir à la procédure du bornage contradictoire.

On distingue traditionnellement, parmi les biens des personnes publiques, un domaine public (dont le Conseil constitutionnel a dégagé le fondement constitutionnel) et un domaine privé. La différence entre les deux s'est toutefois atténuée depuis que le Code général de la propriété des personnes publiques de 2006, fondé sur l'unité de la propriété publique, ne les oppose qu'en ce qui concerne leur gestion. En raison de son affectation à l'utilité générale, le domaine public, défini plus strictement que naguère, est soumis à un régime de protection exorbitant du droit commun qui s'est cependant assoupli pour répondre aux nécessités de sa gestion. Certains aspects de ce régime renforcent les droits de propriété de l'administration : telle l'impossibilité pour les particuliers d'acquérir une parcelle du domaine public par voie de prescription, ou encore l'existence au profit de l'Administration d'un pouvoir de police pour assurer la conservation du domaine, pouvoir sanctionné par la répression des contraventions de voirie (atteintes portées à l'intégrité matérielle du domaine : dégradation d'une installation portuaire, par ex.) et par des amendes revêtant un caractère mixte de réparation et de pénalité. C'est toutefois par l'indisponibilité, sujétion souvent lourde pour l'Administration, que la domanialité publique se distingue le plus de la propriété privée : sauf désaffectation préalable, la vente d'une parcelle du domaine public est entachée de nullité. Les transferts de propriété sont néanmoins possibles, et la constitution de droits réels au profit des particuliers est désormais autorisée. D'autre part, si certaines utilisations du domaine par les administrés sont libres, d'autres sont assujetties à une autorisation, toujours précaire et révocable ; même accordée par contrat, elle serait encore sujette à résiliation à tout moment. L'octroi des autorisations est subordonné à l'exigence de la meilleure utilisation du bien, qui doit se concilier avec le respect des règles du droit de la concurrence.

4. **Les travaux et les ouvrages publics.** – L'action administrative comporte des travaux dont l'importance est encore accrue dans les périodes d'équipement intensif. Certains sont effectués sous un régime exorbitant du droit commun, et les ouvrages qui en résultent sont soumis à un statut original : on parle dans ce cas de travaux publics et d'ouvrages publics, chacune de ces notions étant autonome par rapport à l'autre, comme elles le sont par rapport à celles de service et de domaine publics.

Le régime exorbitant des travaux et ouvrages publics comporte d'importantes prérogatives pour l'Administration. Les marchés passés pour l'exécution d'un travail public sont en principe des contrats administratifs, et l'entrepreneur est soumis, en plus des obligations générales incombant au cocontractant de l'Administration, à un pouvoir de direction et de contrôle particulièrement strict (ordres de service). D'autre part, la loi accorde à l'exécutant d'un travail public le droit d'occupation temporaire qui lui permet, en vertu d'une autorisation préfectorale, d'occuper temporairement (cinq ans en principe) des propriétés privées voisines du chantier pour y entreposer son matériel ou en extraire des matériaux. Par ailleurs, l'expropriation est souvent le corollaire d'une opération de travail public. Enfin, traditionnellement, l'ouvrage public bénéficiait d'une protection particulière – l'intangibilité – qui s'ajoutait à celle qui s'y attache généralement en sa qualité de parcelle du domaine public, mais le principe d'intangibilité n'est plus absolu, car il doit se concilier avec les divers intérêts publics et privés en présence (CE, SGDE Alpes-Maritimes, 2003).

Le régime des travaux et ouvrages publics comporte aussi de lourdes sujétions. L'exécution des travaux est soumise à des règles complexes de compétence et de forme. D'autre part, l'Administration doit réparation, même en l'absence de faute, de tous les dommages causés à des tiers par l'exécution du travail public, ainsi que par l'existence et le fonctionnement d'un ouvrage public ; ni le cas fortuit ni le fait du tiers (la faute de l'entrepreneur, par ex.) ne l'exonèrent de cette responsabilité. Quant aux dommages causés aux usagers, l'Administration ne peut dégager sa responsabilité qu'en établissant qu'elle a normalement entretenu l'ouvrage.

II. – Gestion publique et gestion privée

1. **La gestion privée dans les services publics.** – La doctrine du XIXe siècle établissait une correspondance parfaite entre la gestion par l'administration d'une activité de service public et l'application d'un régime exorbitant du droit commun. Cependant, dès 1873, le commissaire du gouvernement David, dans ses conclusions sur l'affaire Blanco, suggérait que le droit privé retrouve son empire lorsque l'État n'agit pas comme « puissance publique », mais comme « personne civile capable de s'obliger par des contrats dans les termes du droit commun ». L'idée allait être reprise devant le Conseil d'État par Romieu dans ses conclusions sur l'affaire Terrier (1903) : après avoir posé le principe que « toutes les actions… fondées sur l'exécution, l'inexécution ou la mauvaise exécution d'un service public sont de la compétence administrative », il ajoutait : « Il demeure entendu qu'il faut réserver… les circonstances où l'Administration doit être réputée agir dans les mêmes conditions qu'un simple particulier et se trouve soumise aux mêmes règles comme aux mêmes juridictions. » Enfin, en 1912, l'arrêt Granits porphyroïdes des Vosges vint consacrer définitivement la possibilité pour une collectivité publique de passer des contrats dans les conditions du droit commun.

Ainsi se trouvait établie en droit positif la distinction, suggérée par Hauriou dès 1899, entre la « gestion administrative » (la gestion publique) et la « gestion privée » de l'Administration. Désormais, il était admis qu'une collectivité publique, agissant en vue du service public, pouvait renoncer à l'emploi des moyens exorbitants du droit commun pour « se mettre en civil » et se placer dans les conditions du droit commun. On peut faire la même constatation pour le personnel, les biens et les travaux.

Cette dualité de gestion s'applique également aux services publics gérés par des personnes privées : la jurisprudence admet qu'un organisme privé investi d'une mission de service public utilise, ou non, selon le cas, des prérogatives de puissance publique. La diversification des moyens se cumule avec la dispersion des organes.

2. **Le service public à gestion privée.** – À la notion de gestion privée dans les services publics s'est ajoutée, on l'a vu, depuis 1921, la notion de service public à gestion privée, c'est-à-dire de service soumis en principe au régime de droit privé. L'action administrative s'effectue aujourd'hui, pour une bonne part, par des personnes, publiques ou privées, gérant des services publics industriels et commerciaux dans les termes du droit commun. Ces services sont exploités soit par des sociétés privées délégataires (transports, assainissement, distribution de l'eau, du gaz, de l'électricité), soit par des établissements publics à caractère industriel et commercial (SNCF), soit même en régie. À la différence de la gestion privée dans les services publics, ce ne sont plus des actes ou activités isolés qui cessent de revêtir un caractère exorbitant, mais des activités globales.

Par la brèche ainsi ouverte s'est engouffré l'essentiel de l'activité économique de l'Administration. Aussi la jurisprudence a-t-elle tenté de mettre un frein aux débordements d'une notion qui risquait de faire basculer vers le droit privé l'une des parties les plus vivantes de l'activité publique. Ce « grignotage » s'est effectué sur deux fronts. D'une part, l'adoption d'un critère restrictif de la notion de service public industriel et commercial a conduit à dénier ce caractère à des activités auxquelles on le reconnaissait auparavant. D'autre part, certains aspects des services industriels et commerciaux ont été « récupérés » par le droit public : le Tribunal des conflits est même allé jusqu'à qualifier d'acte administratif le règlement d'Air France (service public industriel et commercial géré par une personne privée) touchant à l'organisation du service public (TC, Barbier, 1968).

3. **Le problème du choix des moyens.** – Le choix entre la gestion publique et la gestion privée est généralement laissé à l'administration. Mais cette faculté connaît des limitations. Parfois c'est la loi qui dicte à l'Administration les moyens à employer (« lois et usages du commerce » pour les entreprises publiques, par ex.) ; mais, le plus souvent, c'est le juge qui décide que la nature de l'acte ou de l'activité exige soit le régime exorbitant, soit le régime de droit commun. C'est ainsi que la gestion d'un hôpital n'est pas de nature à faire l'objet d'un service public à gestion privée et que le juge soumet au droit public des organismes créés par décret en tant que services publics industriels et commerciaux ; c'est ainsi également que certains contrats sont administratifs – notamment les marchés publics – et que certains travaux sont publics de par leur objet même. La nature des choses le dispute ainsi à la volonté de l'Administration, selon un dosage subtil qui défie toute systématisation.

Chapitre III

LA GRADATION DES FINS : SERVICE PUBLIC ET ACTIVITÉ D'INTÉRÊT GÉNÉRAL

I. – La définition du service public

Élaborée par la doctrine et la jurisprudence classiques, la notion de service public comportait à la fois un sens matériel (activité d'intérêt général) et un sens organique (prise en mains par les pouvoirs publics). Plus exactement, la séparation alors faite entre les activités privées, poursuivies dans un but personnel, et les activités publiques, exercées dans un but d'intérêt général, établissait une concordance parfaite entre la conception matérielle et la conception organique du service public ; en relevant le caractère de service public d'une activité déterminée, on constatait la prise en charge de cette activité par les autorités administratives. À partir du moment où l'on admit que les particuliers pouvaient collaborer à des tâches d'intérêt général, la notion matérielle du service public devait l'emporter, et le service public tendait dès lors à devenir synonyme d'activité d'intérêt général.

Or, s'il est facile de reconnaître un service public organique, rien n'est plus malaisé que de définir un service public au sens matériel du terme. À lui seul, le but d'intérêt général qui le caractérise est trop flou et incertain, car presque toutes les activités humaines concourent à un titre ou à un autre à l'intérêt général. Si l'on veut conserver à la notion de service public un intérêt juridique – c'est-à-dire si l'on veut y attacher certaines conséquences juridiques –, il faut donc *ajouter quelque chose à la notion d'intérêt général,* qui constitue un élément nécessaire, mais non suffisant de la notion de service public.

a) Dans certains cas, le législateur prend expressément position. Ainsi, la loi de 1937 créant la SNCF définit comme un service public l'exploitation du transport ferroviaire par cette société ; en vertu de la loi du 30 septembre 1986, tant le secteur privé que le secteur public de la communication audiovisuelle constituent un service public au sens matériel du terme ; la loi du 12 avril 2000 qualifie la mise à disposition et la diffusion des textes juridiques de « missions de service public » ; la loi du 7 décembre 2006 précise les contours du service public de l'énergie ; et celle du 30 décembre 2006 définit les services publics d'eau potable et d'assainissement.

b) En l'absence de qualification législative, le juge s'attache au caractère plus ou moins prééminent du but visé et réserve le caractère de service public aux activités d'intérêt général assez nobles pour mériter cette qualification. Il s'agit là d'une appréciation subjective, variant nécessairement selon l'époque et l'état des mœurs et ne correspondant à aucun critère précis.

C'est ainsi que l'exploitation d'un théâtre, d'un stade, d'une piscine ou d'un remonte-pente, l'organisation d'un festival de la bande dessinée ou d'une « grande parade de jazz » n'étaient pas considérées à l'origine comme un service public, mais peuvent l'être désormais en raison de l'importance reconnue aujourd'hui aux arts, aux sports et aux loisirs. Néanmoins, si le développement de la pratique sportive a pu être érigé en service public, la construction d'un stade destiné à accueillir un club de rugby professionnel ne correspond pas à une telle mission (CE, Stade Jean-Bouin, 2010). Le résultat de cette gradation dans l'importance des fins poursuivies est parfois inattendu. Le Conseil d'État reconnaît le caractère d'un service public au tir d'un feu d'artifice lors d'une fête communale, mais le refuse à l'organisation d'une course de chevaux faite à la même occasion ; l'exploitation des ressources hydrauliques est considérée comme un service public, mais non celle des ressources minières ou pétrolières ; le caractère de service public est reconnu à certaines compétitions sportives organisées par les fédérations de sports « habilitées » sans l'être pour autant à l'ensemble des manifestations sportives.

À côté de ces « activités de plus grand service », assurées dans l'intérêt direct des administrés, les « activités de plus grand profit » (Chapus), assurées dans l'intérêt propre de l'organisme qui les exerce, constituent une catégorie de services publics non négligeable (perception des impôts, SEITA). Ne sont cependant plus considérés comme des services publics les jeux de loterie. De même, une jurisprudence traditionnelle, mais largement critiquée, refuse le caractère de service public à la gestion par les collectivités publiques de leur domaine privé.

En sens contraire, le Conseil d'État a jugé que les opérations de dépannage, de remorquage et d'évacuation des véhicules sur les autoroutes constituent une mission de service public parce que les personnes privées qui en ont la charge doivent être agréées par l'Administration et sont tenues à diverses obligations dans l'intérêt général.

c) Une activité prise en charge par une personne publique est présumée constituer un service public, alors que la présomption inverse joue pour les activités exercées par des organismes privés : celles-ci ne revêtent le caractère de service public que si des indices précis jouent en ce sens (exercice d'une mission d'intérêt général sous le contrôle de l'Administration avec prérogatives de puissance publique ; ou, en l'absence de telles prérogatives, intérêt général de l'activité exercée, conditions de création, d'organisation ou de fonctionnement du service, obligations qui lui sont imposées, contrôle des objectifs qui lui sont assignés). Ce jeu de présomptions, précisé dans l'arrêt APREI (CE, 2007), a conduit la jurisprudence à voir un service public dans la gestion d'un office public d'HLM, mais non dans celle d'une société privée d'HLM, bien qu'ils concourent à la même tâche d'intérêt général ; la même distinction se retrouve pour l'exploitation d'une colonie de vacances ou d'une piscine, service public lorsqu'elle est assurée par une collectivité publique, mais pas nécessairement lorsqu'elle est effectuée par une personne privée. L'élément organique se révèle donc un facteur déterminant de la définition du service public matériel.

On peut se demander dans quelle mesure la privatisation d'activités traditionnellement considérées comme des services publics (téléphonie, transport du courrier, de l'électricité, autoroutes, etc.) ne conduira pas à modifier le régime juridique de ces activités.

d) Les exigences du droit communautaire, fondé sur la libre concurrence et l'hostilité aux monopoles, sont-elles à l'origine d'une crise du « service public à la française » ? Le terme même de service public est étranger au droit de l'Union qui connaît le « service d'intérêt général », recouvrant le « service d'intérêt économique général », le « service non économique d'intérêt général », le « service social d'intérêt général » et le « service universel » entendu comme un service minimum offert à tous à un prix abordable. Les divergences tendent néanmoins à s'estomper du fait des évolutions française et européenne.

II. – La distinction du service public et de l'activité d'intérêt général

Il s'établit ainsi une gradation dans les fins de l'action administrative : certaines méritent le titre de service public, avec les conséquences qui s'y attachent, d'autres constituent seulement des fins d'intérêt général. La notion de service public est plus étroite que celle d'activité d'intérêt général.

a) Ce n'est que lorsqu'ils gèrent un service public que les organismes privés peuvent prendre des décisions ayant un caractère administratif et que leur responsabilité peut être engagée devant la juridiction administrative. Reconnu à la décision d'une fédération de tennis relative à l'homologation des balles de tennis et à celle d'une fédération de cyclisme suspendant un coureur, le caractère administratif a été dénié au règlement intérieur d'un comité économique agricole : les premières gèrent un service public, le second remplit une simple mission d'intérêt général.

b) Certaines règles s'appliquent aux seuls services publics. Ce sont les célèbres « lois de Rolland » : principe de *continuité* ; principe d'*égalité*, qui interdit la discrimination entre usagers du service placés dans la même situation (cette restriction permettant de leur appliquer des tarifs différenciés : EDF, SNCF...), et son corollaire, le principe de *neutralité* que doivent observer toutes les personnes qui collaborent à un service public, ainsi que celui de la réserve dont elles ne doivent pas se départir dans l'expression de leurs opinions ; principe d'*adaptation* qui explique l'absence de droit acquis au maintien de la réglementation régissant le service public ainsi que la mutabilité des contrats administratifs. Aux principes de continuité et d'égalité, le Conseil constitutionnel a reconnu valeur constitutionnelle.

Si ces règles ne s'appliquent pas aux simples activités d'intérêt général, elles régissent tous les services publics, qu'ils soient gérés par une personne publique ou par un organisme privé, qu'ils soient administratifs ou industriels et commerciaux. C'est ainsi que la Cour de cassation a appliqué à la grève des cheminots – agents d'un service public industriel et commercial géré à l'époque par une société privée – les règles que le Conseil d'État applique à la grève des fonctionnaires. Quant à la loi du 31 juillet 1963, relative à certaines modalités de la grève dans les services publics, elle déclare régir, outre les personnels des collectivités publiques, ceux « des entreprises, des organismes et des établissements publics ou privés... chargés de la gestion d'un service public ». De même, la loi du 30 septembre 1986 assujettit toutes les activités de la communication audiovisuelle (y compris les chaînes de télévision privées) aux « exigences de service public ».

Si les activités d'intérêt général ne sont pas soumises à ces principes, elles demeurent cependant distinctes à certains égards des activités d'intérêt privé. Un organisme privé d'intérêt général peut bénéficier de certaines prérogatives de puissance publique (expropriation, par ex.) et être soumis à certains contrôles. La gestion du domaine privé des collectivités publiques est elle-même caractérisée par certains éléments exorbitants du droit de la propriété privée et, si l'on ne veut aller jusqu'à y voir un service public à caractère administratif, on devrait du moins lui reconnaître le caractère d'une activité d'intérêt général.

Chapitre IV

LE RÉGIME JURIDIQUE : DROIT PUBLIC ET DROIT PRIVÉ

Dispersion des organes, diversification des moyens, gradation des fins : cette triple évolution a engendré une effarante complexité des régimes de droit applicables à l'action administrative. Partout droit public et droit privé s'enchevêtrent selon des dosages dont la variété et les nuances défient toute tentative de synthèse. La recherche se perd dans les subtilités des exceptions aux principes, des dérogations aux exceptions, des présomptions susceptibles d'être renversées, et la réflexion tourne rapidement au vertige.

I. – L'échec du critère unique

Les tentatives n'ont pas manqué pour essayer de rendre compréhensible une situation qui semblait rebelle à toute systématisation. Les plus hardies ont aspiré à construire le droit administratif autour d'un axe unique. Le droit administratif ne serait-il pas le droit des personnes publiques ? Celui de la gestion publique ? Celui de la puissance publique ? Celui des services publics ? Chacune de ces tentatives a été encouragée par certaines décisions de jurisprudence ; aucune n'est parvenue à rendre compte de tous les méandres du droit positif.

a) La qualité, publique ou privée, de la personne juridique en cause conserve à cet égard un grand intérêt, en dépit du recul du critère organique. Une personne publique est présumée agir dans un but de service public, alors que les activités d'une personne privée n'ont qu'exceptionnellement ce caractère. Une même activité sera service public lorsqu'elle est assurée par une personne publique, simple activité privée dans le cas contraire. Les décisions d'une collectivité publique sont des actes administratifs, même si elles ne concernent pas un service public (mesures réglementaires touchant le domaine privé), alors que les décisions d'un organisme privé ne sont des actes administratifs que si elles entrent dans le cadre d'une mission de service public et mettent en œuvre une prérogative de puissance publique. Un contrat conclu entre deux personnes publiques revêt « en principe » un caractère administratif (TC, UAP, 1983). Seules les personnes publiques peuvent conclure des contrats administratifs (cette qualification est refusée aux contrats, portant cependant sur l'exécution de travaux publics, conclus par des sociétés d'économie mixte, à moins que ces organismes n'aient agi pour le compte d'une personne publique). Seules les personnes publiques peuvent avoir un domaine public, employer un personnel de droit public. Pour qu'il y ait travaux publics, il faut l'intervention d'une personne publique comme maître d'œuvre ou comme bénéficiaire de l'opération. Une personne privée peut se voir confier une mission de service public, avec les prérogatives que cela comporte (financement fiscal, pouvoir réglementaire, etc.), mais seule une collectivité publique peut exercer le pouvoir de police.

Le critère organique est cependant loin de tout expliquer. Les personnes publiques sont en partie soumises au droit privé. Quant aux personnes privées, même investies d'une mission de service public, elles sont soumises à une tension constante entre leur forme juridique et le caractère de leur activité. Tantôt c'est la fiction du caractère privé qui l'emporte (soumission au droit privé de l'ensemble des actes des caisses de sécurité sociale, lesquelles gèrent pourtant un service public) ; tantôt c'est la réalité du service public qui a le dessus (caractère d'actes administratifs de certaines décisions unilatérales des organismes privés chargés d'un service public ; soumission partielle au régime de la responsabilité administrative ; application des « principes du service public » même aux services publics gérés par une personne privée) ; tantôt encore la jurisprudence distinguera selon que l'exécution de leur mission de service public implique, ou non, des prérogatives de puissance publique (responsabilité administrative dans un cas, de droit commun dans l'autre).

b) La distinction de la *gestion publique* et de la *gestion privée* intervient en matière de contrats, de personnel, de travaux et de domaine ; elle inspire la distinction des services publics administratifs et des services publics industriels et commerciaux ; elle entraîne la soumission au contrôle du juge administratif des actes et opérations de puissance publique ; elle régit le régime de la responsabilité des organismes privés investis d'une mission de service public.

Est-ce à dire que l'on peut trouver là l'idée-force que l'on recherche et qu'à gestion publique correspondrait droit public, à gestion privée droit privé ? Il n'en est rien : l'insuffisance d'un tel critère est patente, et son procès aisé. Dans les matières mêmes où elle intervient, la distinction de la gestion publique et de la gestion privée ne joue qu'un rôle limité. La détermination de la nature d'un contrat se fait en partie à l'aide d'autres éléments : participation du cocontractant à l'exécution du service, caractère administratif ou industriel et commercial du service. D'autre part, ce n'est pas parce que l'Administration met en œuvre des moyens exorbitants dans la gestion de ses biens ou l'exécution de ses travaux qu'il y a domanialité publique ou travaux publics ; c'est, au contraire, dans la mesure où il y a domanialité publique ou travaux publics que l'Administration dispose de moyens exorbitants. Voir dans la gestion publique le critère du domaine public ou du travail public, c'est prendre l'effet pour la cause. Pour que la ressemblance ou la dissemblance des moyens employés avec ceux en usage entre particuliers puissent servir de critère de détermination du droit applicable, il faudrait par ailleurs que cette idée reçoive toujours application au même niveau : dire que deux personnes se ressemblent ne signifie rien lorsque l'on ne précise point s'il s'agit d'une ressemblance globale ou d'une similitude de tel trait de détail. Pour avoir un sens utile, il faut au surplus que la ressemblance ne soit ni trop générale ni trop particulière, mais se situe à un niveau intermédiaire. Or, la jurisprudence apprécie la similarité des moyens à des niveaux différents selon les matières et tend à la considérer à un niveau très bas, élémentaire même, enlevant ainsi à la distinction de la gestion publique et de la gestion privée toute possibilité de servir de critère du droit applicable.

Les services publics industriels et commerciaux sont certes soumis au droit privé en raison de leur ressemblance globale avec les activités privées similaires. Mais il n'y a là qu'une présomption, qu'une comparaison acte par acte peut écarter : les biens affectés à ces services peuvent faire partie du domaine public ; les travaux qui les concernent peuvent constituer des travaux publics ; la responsabilité envers les tiers retombe sous l'empire du droit public lorsque le dommage est dû à une opération de travail public, à un ouvrage public ou à la mise en œuvre d'une prérogative de puissance publique ; certains agents des services publics industriels et commerciaux sont des agents publics ; les décisions réglementaires des organes directeurs de ces services peuvent avoir le caractère administratif.

Face à cette décourageante complexité, on songe à la prédiction de Duguit au début du XXe siècle : la notion de gestion privée a ouvert une « période de trouble et de régression ».

c) La notion de *service public* est elle-même impuissante à fournir le critère du régime de droit applicable. Sans doute détermine-t-elle l'application des « principes du service public » ; sans doute aussi intervient-elle dans la définition du contrat administratif, du domaine public et du travail public, et explique-t-elle en partie la soumission au droit public des décisions unilatérales et de la responsabilité des organismes privés investis d'une mission de service public. L'existence d'une gestion privée dans les services publics, la notion même de service public industriel et commercial et le refus de la jurisprudence de reconnaître le caractère administratif aux contrats passés par les organismes privés chargés d'une mission de service public (sauf s'ils ont agi pour le compte d'une personne publique) prouvent cependant que la notion de service public ne permet pas à elle seule de faire le départ entre les régimes de droit public et ceux de droit privé.

II. – La pluralité de critères

L'échec du monisme a ouvert la voie à l'acceptation du pluralisme. « Si l'on n'a pu, après tant d'efforts, arriver à s'accorder sur le critère recherché, n'est-ce pas tout simplement pour la raison péremptoire qu'il n'existe pas, que le droit administratif n'est pas plus réductible à l'unité que les autres disciplines juridiques..., que l'espoir d'un critère unique repose sur une illusion..., en un mot, que *le* critère du droit administratif n'existe pas ? »[1] Chaque matière du vaste droit administratif répond à des nécessités propres, et l'on ne saurait s'attendre qu'elles relèvent toutes des mêmes fondements et des mêmes critères.

Les connues et inconnues de l'équation n'étant pas toujours les mêmes, il serait chimérique d'espérer une solution identique à des problèmes distincts. Lorsque l'inconnue est constituée par la nature juridique, publique ou privée, d'un organisme, le juge se fondera sur les fins visées par l'institution et les moyens mis à sa disposition par la loi. Lorsque le problème est de savoir si un organisme peut bénéficier de certaines prérogatives, la nature juridique de l'organisme et les fins visées détermineront la solution. Lorsque la question porte sur le caractère de la mission assignée à un organisme, le raisonnement

1. J. Rivero, « Existe-t-il un critère du droit administratif ? », *Rev. dr. publ.,* 1953, p. 290-291.

s'appuiera sur la nature juridique de l'organisme et les moyens mis à sa disposition par la loi. La vérité est qu'il y a autant de critères qu'il y a de problèmes à résoudre, et que les divers éléments de l'action administrative – organes, fins et moyens – interviennent avec des dosages différents selon la question posée.

On comprend ainsi que le critère de l'acte susceptible de recours pour excès de pouvoir ne soit pas le même que celui du contrat administratif, du domaine public ou du travail public. Lorsqu'il s'agit de définir l'étendue du contrôle de légalité et, partant, de la protection des administrés, il est normal de prendre en considération les moyens employés et de regarder comme actes administratifs toutes les décisions unilatérales, même prises par des personnes privées dans le cadre de leur mission de service public, comportant l'usage de prérogatives de puissance publique. Pour définir les contrats administratifs, soumis à un régime exorbitant, il est naturel de tenir compte d'une part du critère organique, d'autre part soit de la volonté de l'Administration – qui se manifeste par l'insertion dans le contrat de clauses exorbitantes du droit commun –, soit de l'objet du contrat – relatif à l'exécution même d'un service public –, soit de son régime juridique. Quant au critère du domaine public, il doit avant tout tenir compte de la nécessité de soumettre certains biens des personnes publiques à un régime particulier : aussi le Conseil d'État se fonde-t-il sur l'affectation du bien à l'usage direct du public ou à un service public à condition qu'il fasse l'objet d'un aménagement indispensable à l'exécution des missions de ce service public. Enfin, dès lors que le problème de la définition du travail public se ramène à celui de savoir quels travaux doivent être soumis au régime exorbitant que l'on a décrit, la jurisprudence décide que sont publics les travaux effectués sur un immeuble soit pour le compte d'une collectivité publique dans un but d'utilité générale, soit dans le cadre d'une mission de service public, mais alors avec l'intervention d'une personne publique (TC, Effimieff, 1955).

L'existence de cette pluralité de critères a été confirmée par le Conseil constitutionnel (1987). Le « noyau dur » de la compétence administrative est défini par le cumul de critères fonctionnel et organique : annulation ou réformation des décisions prises, dans l'exercice des prérogatives de puissance publique, par les autorités publiques. Dans les autres matières, qui sont susceptibles d'être transférées au juge judiciaire, le législateur et le juge demeurent libres de se référer à d'autres critères, notamment celui du service public, ce qui permet de soumettre chaque situation juridique au juge le plus approprié.

III. – L'échec de la tentative de remise en question des notions de régime de droit public et de droit privé

Dans une tentative quelque peu désespérée de conférer de la cohérence à une situation qui en est manifestement dépourvue, on a cru, à un moment donné, pouvoir revenir sur la distinction de principe entre le régime de droit public et le régime de droit privé. Même dans le contrat de droit privé, l'Administration n'est pas libre de choisir son cocontractant. Même dans les services publics industriels et commerciaux, les grands principes du service public s'imposent à elle. Même les créances de nature privée peuvent être recouvrées avec des procédures exorbitantes du droit commun. Même nées à l'occasion d'un rapport de droit privé, les dettes de l'Administration sont soumises au régime de la prescription quadriennale. Même pour accroître son domaine privé, elle peut utiliser l'expropriation, et les biens du domaine privé sont tout aussi insaisissables que ceux du domaine public. En un mot, le droit privé applicable à l'action administrative se trouve toujours teinté de la finalité de l'intérêt général et revêt un certain particularisme ; il n'est jamais identique à celui qui s'applique dans les relations entre particuliers.

On se serait ainsi trouvé conduit à écarter la distinction évoquée plus haut entre le droit administratif *lato sensu* et le droit administratif *stricto sensu.* Tout le droit applicable à l'action administrative aurait été du droit administratif spécial, et, au sein de celui-ci, il y aurait eu une gradation dans la différence des règles applicables par rapport à celles en vigueur entre particuliers : proches de ces dernières dans certains cas, elles seraient radicalement différentes dans d'autres. Au tableau traditionnel de l'enchevêtrement des régimes de droit public et de droit privé aurait succédé l'idée d'une gradation ou d'une échelle dans l'originalité au sein même du droit administratif. On aurait rejoint de la sorte une observation de Latournerie, selon laquelle la spécialité du droit administratif réside précisément dans un amalgame des éléments de droit public et de droit privé, le dosage de ces éléments variant selon les matières.

Quelque séduisante qu'elle ait pu paraître, cette tentative se heurtait à un obstacle majeur. Car, analyserait-on même la rencontre du droit public et du droit privé en termes de gradation, cette gradation ne peut se retrouver dans la détermination de la juridiction compétente. Au problème du régime de droit applicable se superpose celui de la juridiction compétente pour trancher les litiges ; or, il n'y a pas de tiers parti entre la compétence du juge administratif et celle des tribunaux judiciaires. On n'avançait donc guère en disant que le droit administratif, défini comme régissant l'action administrative, est caractérisé par un mixage de règles plus ou moins spéciales. Cette façon de voir n'aurait été satisfaisante que si l'ensemble de ce droit administratif avait relevé du même juge, ce qui tend actuellement à être de moins en moins le cas.

Le thème de l'action n'est en effet pas la seule composante de notre discipline : historiquement, et politiquement, il est même apparu en second. Le droit administratif ne peut être compris si l'on ne tient pas compte des problèmes de compétence juridictionnelle et de la limitation de l'action administrative par le juge. Pour compléter et éclairer le thème de l'action, il est nécessaire d'évoquer celui du contrôle.

SECONDE PARTIE

LE THÈME DU CONTRÔLE

Le droit administratif ne cherche pas seulement à assurer à l'action administrative l'épanouissement qui lui permet de réaliser ses fins d'intérêt général. Il tend aussi à protéger l'individu contre les emprises d'un pouvoir toujours redoutable pour les droits et libertés individuels. Historiquement, c'est même là la première et la principale inspiration de notre discipline ; c'est elle en tout cas qui en a fait un remarquable instrument de libéralisme[1].

La protection du citoyen contre le pouvoir gouvernemental, le droit français la recherche sur un double plan. Il veut d'abord enserrer l'action administrative dans un réseau dense de règles de droit qui ici lui dictent, là lui interdisent tels actes ou tels agissements. Mais cette limitation de l'action par le droit, qui se traduit par le principe de légalité, doit être complétée par la mise à la disposition de l'administré de procédures juridiques pour assurer le respect de ses droits et libertés. Certains pays placent ces procédures au stade de l'élaboration de la règle de droit : celle-ci est précédée de l'audition des intéressés qui peuvent ainsi se faire entendre avant d'obéir. L'Administration française a longtemps préféré

1. Le droit administratif comporte également un important aspect de contrôle interne de l'Administration : sauvegarde des compétences respectives non seulement de l'État et des collectivités décentralisées, mais aussi des divers ministres entre eux, pouvoir hiérarchique, etc. Cette autolimitation interne de l'Administration ne sera pas étudiée ici ; elle méritait d'être signalée.

un schéma de type « militaire » à ces formes d'« administration concertée » (Rivero) : préparée dans le secret, la décision administrative devait être exécutée avant d'être discutée. Cette tradition a évolué avec la « troisième génération » de droits permettant à l'administré de mieux connaître l'Administration.

La loi du 6 janvier 1978, relative à l'informatique, aux fichiers et aux libertés, donne à toute personne le droit de connaître et de contester les informations et les raisonnements utilisés dans les traitements automatisés dont les résultats lui sont opposés. La loi du 17 juillet 1978 institue un « droit à l'information » et ouvre à chacun une « liberté d'accès aux documents administratifs ». La loi du 11 juillet 1979 édicte l'obligation de motiver de nombreuses décisions individuelles défavorables. La loi du 12 avril 2000 vise à rendre les autorités administratives plus transparentes, plus accessibles, plus efficaces et plus proches. Elle crée notamment « les maisons des services publics » qui tendent à faciliter les démarches des usagers. Une ordonnance de 2005 simplifie les démarches administratives par voie électronique. La Charte de l'environnement et la Charte des droits fondamentaux de l'Union européenne complètent cette recherche d'une « démocratie administrative ».

Parallèlement se développent des modes alternatifs de règlement des conflits. La loi du 3 janvier 1973 avait institué le « médiateur » qui jouait un rôle important dans la protection des citoyens contre la « maladministration » (85 000 dossiers reçus en 2010). D'autres autorités avaient été créées pour protéger les libertés (Défenseur des enfants, Commission nationale de la déontologie de la sécurité, HALDE). La révision constitutionnelle de 2008 leur a substitué le Défenseur des droits, « autorité constitutionnelle indépendante », qui reste une autorité administrative. Assisté de collèges, il regroupe les compétences des autorités auxquelles il succède. Il est nommé pour six ans par le président de la République, après avis public de la commission des lois de chaque assemblée. Son indépendance est assurée par un mandat non renouvelable et des incompatibilités. Il est saisi par toute personne s'estimant lésée par le fonctionnement d'un organisme public ou privé investi d'une mission de service public. Ses pouvoirs sont nombreux : recommandation, injonction, médiation, saisine de l'autorité disciplinaire, proposition de transaction, consultation sur les projets de loi relatifs à la lutte contre les discriminations et à la promotion de l'égalité, élaboration de rapports spéciaux lorsque l'Administration ne répond pas de manière satisfaisante à ses observations et d'un rapport annuel… Des tentatives ont été faites pour favoriser les procédures de conciliation, mais leur sort montre les difficultés d'institutionnaliser ces procédés. Un décret de 1983, aujourd'hui abrogé, instituait des comités de règlement amiable en matière contractuelle et extracontractuelle. La loi du 31 décembre 1987 avait prévu l'intervention de décrets – non encore édictés – à l'effet d'organiser des procédures préalables de conciliation. L'interdiction faite aux personnes publiques de recourir à l'arbitrage (le tribunal arbitral est une juridiction), déjà assortie d'un nombre croissant de dérogations au bénéfice de certaines catégories d'établissements publics industriels et commerciaux et pour certains types de litiges, pourrait être supprimée en matière contractuelle.

L'importance de ces mesures ne saurait certes être sous-estimée, mais elles sont assorties de réserves et de modalités telles qu'aujourd'hui comme hier – un peu moins qu'hier – c'est dans le contrôle *a posteriori* de l'action administrative par le juge étatique – et notamment par le juge administratif – qu'est recherchée la protection du citoyen. En dépit de la multiplication des recours administratifs préalables obligatoires, encouragée récemment encore par le vice-président du Conseil d'État, la procédure administrative non contentieuse et les recours administratifs n'ont encore qu'une importance limitée à côté de la procédure administrative contentieuse et des recours contentieux.

Chapitre I

LA LIMITATION PAR LE DROIT : LE PRINCIPE DE LÉGALITÉ

L'action administrative n'est pas libre : elle est limitée par l'obligation de respecter certaines règles de droit. Tel est le sens du principe de légalité, l'une des pièces maîtresses du droit administratif. Pour en saisir la portée, il est nécessaire de rechercher quelles activités sont ainsi limitées, quelles règles les limitent et quel est le degré de cette limitation.

I. – L'élément limité : le champ d'application du principe

Le principe de la légalité administrative régit l'ensemble de l'action administrative, mais ne régit qu'elle. Son champ d'application recouvre donc principalement l'action des organes administratifs et, accessoirement, l'action administrative des personnes privées.

1. **L'action des organes administratifs.** – Le droit administratif se veut avant tout, on l'a vu, la limitation par le droit du gouvernement, de ses services, de ses agents. Conception essentiellement organique, qui trouve son inspiration dans la vision politique traditionnelle du droit public français.

A) *Toute l'action des organes administratifs* est régie par le principe de légalité. Le règlement a beau participer du caractère de la loi – par son caractère général et impersonnel –, la jurisprudence n'en décide pas moins que, émané du gouvernement, il est un acte administratif soumis au principe de légalité (CE, Chemins de fer de l'Est, 1907). La Constitution de 1958 n'a pas modifié cette façon de voir. Les règlements autonomes demeurent des actes administratifs (CE, Ingénieurs-conseils, 1959) tout comme les ordonnances de l'article 38 tant qu'elles n'ont pas été ratifiées. Ainsi le gouvernement se voit-il interdire la possibilité de porter atteinte, par la voie réglementaire, aux principes généraux du droit et, notamment, à celui de l'existence d'un contrôle juridictionnel de l'action administrative. La signification profonde de cette jurisprudence est que le Conseil d'État refuse au gouvernement le droit d'utiliser les pouvoirs très larges que lui reconnaît la Constitution pour se soustraire lui-même au contrôle juridictionnel. En recourant à un critère organique de l'acte administratif, le Conseil d'État a sauvé la soumission du gouvernement au droit et l'existence même du droit administratif[1].

La limitation de l'action gouvernementale par le droit connaît cependant une double exception. La doctrine insiste généralement sur la théorie des actes de gouvernement, qui ne présente pourtant qu'un danger très limité à côté de la reconnaissance au gouvernement, dans certaines circonstances, du pouvoir législatif.

a) On appelle *actes de gouvernement* des mesures qui, bien que prises par le gouvernement, échappent au principe de légalité et bénéficient, à ce titre, d'une totale immunité de juridiction : ils ne peuvent ni être attaqués pour illégalité ni engager la responsabilité de l'État. La théorie des actes de gouvernement marque les limites de la soumission du gouvernement au droit et constitue une

1. Il a même considéré, dans l'arrêt Canal (1962), que les ordonnances prises par le président de la République sur habilitation du législateur populaire étaient des actes administratifs et il a annulé l'ordonnance instituant, en vertu de la loi référendaire de 1962, une Cour militaire de justice.

« survivance de la raison d'État » (Gros). Théoriquement, l'existence d'une « zone inaccessible au juge où peut régner l'arbitraire des autorités compétentes » (Odent) peut paraître scandaleuse. Il ne faut toutefois pas dramatiser. S'il est vrai que « la liste des actes de gouvernement définit, à un moment donné, l'équilibre des forces entre l'autorité respective du juge et celle des organes politiques » (Vedel), il faut bien convenir que le tracé actuel de la frontière entre le politique et le juridique avantage singulièrement ce dernier. Dès le début de la IIIe République, le Conseil d'État a cessé de reconnaître au gouvernement la faculté de déterminer lui-même les limites de sa soumission au droit en s'abritant derrière le mobile politique et a décidé que c'est au juge qu'il appartient, dans chaque cas, d'exercer ou de décliner son contrôle (Prince Napoléon, 1875). Or, depuis, la liste des actes de gouvernement n'a cessé de rétrécir « comme une peau de chagrin » (M. Waline) – au point qu'aujourd'hui elle ne comporte pratiquement plus de mesures réellement redoutables pour les libertés. À l'heure actuelle, ne constituent plus des actes de gouvernement que deux groupes de décisions. D'une part, les actes relatifs aux rapports du gouvernement avec le Parlement (décret de dissolution, décision du président de la République de mettre en vigueur l'article 16 de la Constitution, décret soumettant un projet de loi au référendum [contrôlé désormais par le Conseil constitutionnel] ou une loi à une nouvelle délibération, nomination des membres du Conseil constitutionnel par le président de la République), ainsi que ceux qui intéressent les rapports d'ordre constitutionnel au sein de l'exécutif (constitution du gouvernement, acceptation ou refus de la démission du Premier ministre, proposition de prendre l'initiative d'une révision constitutionnelle, décret de convocation du Congrès, décision du président de la République modifiant la composition du gouvernement, déclenchement de la procédure d'empêchement provisoire du président de la République et, sans doute, refus du président de la République de signer un décret ou une ordonnance). D'autre part, les actes concernant les relations internationales de la France (validité et interprétation d'un traité, suspension de son application, opération de guerre, mise en œuvre de la protection diplomatique, institution d'une zone de sécurité interdite à la navigation maritime dans les eaux internationales pendant les essais nucléaires, etc.). Encore le contrôle resurgit-il dès lors qu'il s'agit d'actes introduisant les conventions internationales dans l'ordre interne ou de mesures gouvernementales d'exécution d'un traité qui en sont détachables (décret d'extradition, rejet d'une demande d'extradition, permis de construire une ambassade étrangère, décision des consuls en matière de délivrance de divers documents administratifs, fermeture d'un poste diplomatique, etc.). De même est possible la mise en jeu de la responsabilité de l'État, sur le fondement de l'égalité devant les charges publiques, pour assurer la réparation des préjudices nés de conventions internationales. Faut-il aller jusqu'à évoquer « l'introuvable acte de gouvernement » (Virally) ? La vérité commande de prendre acte de cette exception au principe de légalité mais de constater en même temps qu'elle n'est pas bien dangereuse pour les citoyens. Il n'est au surplus pas mauvais que demeure une soupape de sûreté à la limitation de l'action gouvernementale par le droit : trop rigide, le contrôle risquerait de ne pas résister à la pression du pouvoir.

b) La seconde atteinte au principe de légalité – bien que rare et relevant du passé – est plus redoutable : la limitation par le droit s'arrête devant le *pouvoir législatif du gouvernement*. Il est arrivé, en effet, que, pendant une période exceptionnelle, le régime en vigueur n'ait pas comporté l'institution parlementaire et ait confié au gouvernement le « pouvoir législatif », c'est-à-dire la faculté de prendre des mesures bénéficiant du régime d'immunité juridictionnelle reconnu à la loi. L'acte législatif cessait dès lors d'être défini par l'organe dont il émanait pour l'être par son régime juridique. C'est à ce titre qu'ont échappé au principe de légalité les lois du gouvernement de Vichy, les ordonnances du gouvernement provisoire de la Libération et celles prises en vertu de l'ancien article 92 de la Constitution de 1958 (qui confiait au gouvernement le soin de prendre, pendant un délai de quatre mois, « par ordonnances ayant force de loi », toutes les mesures qu'il jugeait nécessaires). C'est ainsi que lui échappent les décisions prises par le président de la République, assumant la « dictature temporaire » prévue par l'article 16 de la Constitution, dans les matières relevant normalement du domaine de la loi (CE, Rubin de Servens, 1962). La protection du citoyen n'est plus alors qu'illusion : car il suffit au gouvernement de couvrir son action par une « loi » émanée de lui-même pour échapper autant qu'il le voudra à la limitation par le droit. Ce passage de la conception politique fondée sur la hiérarchie des organes à la conception technique de la hiérarchie des normes a ouvert une brèche redoutable, encore qu'exceptionnelle, à la soumission du gouvernement au droit.

B) Le principe de la légalité administrative régit l'action des seuls *organes administratifs,* c'est-à-dire du gouvernement et des personnes publiques décentralisées. Il ne concerne ni l'activité des personnes publiques étrangères ni celle des autorités françaises dépourvues de caractère administratif (autorités judiciaires ou autorités parlementaires [lois, mais aussi vœux, décisions du secrétariat des assemblées, alors que les décisions de leurs services de passer leurs marchés publics sont contrôlées par le juge administratif]). Il ne s'applique pas non plus au règlement du Conseil constitutionnel organisant l'accès à ses archives, car, eu égard à son objet, cet acte n'a pas le caractère administratif (CE, Brouant, 2002).

2. **L'action administrative des personnes privées.** Le principe de légalité a essaimé au-delà de l'action des seuls organes administratifs. L'Administration agissant aujourd'hui souvent par personnes interposées, le droit administratif est allé pourchasser cette action

administrative partout où elle se manifeste, notamment dans une partie de l'activité des organismes privés chargés d'une mission de service public. Il résulte de cette évolution que si, politiquement, le champ d'application du principe de légalité demeure défini dans sa profondeur par la notion organique de pouvoir gouvernemental, il doit être défini sur le plan scientifique par la notion finaliste d'action administrative.

II. – L'élément limitatif : les sources de la légalité

En formulant la notion de légalité, les juristes du XIXe siècle pensaient moins à la limitation du gouvernement par le droit qu'à sa subordination à la loi, c'est-à-dire au Parlement. Pour eux, l'État de droit devait être avant tout un État légal. On a vu que cette conception, caractéristique du libéralisme politique du siècle dernier, était fondée sur la méfiance envers l'exécutif et la confiance envers l'organe parlementaire, seul apte (pensait-on) à exprimer la volonté générale. Cette signification originaire de la notion de légalité donne au droit administratif son support politique et historique.

À l'usage, le terme de « légalité » est devenu synonyme de « régularité juridique », de « juridicité » : le « bloc de la légalité » (Hauriou) comprend aujourd'hui l'ensemble des règles de droit qui limitent l'action administrative.

1. **La limitation externe.** – Parmi les sources de la légalité, certaines, de plus en plus contraignantes, sont extérieures à l'Administration et s'imposent à toutes les autorités administratives, sans qu'aucune d'elles ait le pouvoir de les abroger, de les modifier ou d'y déroger. Tel est le cas :

a) Du bloc de constitutionnalité composé des articles de la Constitution et de son Préambule : Déclaration des droits de l'homme et du citoyen de 1789, principes politiques et sociaux proclamés par le Préambule de 1946 comme particulièrement nécessaires à notre temps, principes fondamentaux reconnus par les lois de la République, Charte de l'environnement (dont les dispositions ont valeur constitutionnelle et sont invocables par les justiciables : CE, Cne d'Annecy, 2008). Le Conseil d'État a consacré lui-même le principe fondamental reconnu par les lois de la République, non encore dégagé par le Conseil constitutionnel, selon lequel l'État doit refuser l'extradition d'un étranger lorsqu'elle est demandée dans un but politique (CE, Koné, 1996). Ces principes de valeur constitutionnelle, qui s'imposent au législateur, font partie *a fortiori* du bloc de légalité s'imposant à l'Administration, dans la mesure du moins où une loi ne fait pas écran entre l'acte administratif et la norme constitutionnelle. Mais la question prioritaire de constitutionnalité permet de faire disparaître cet écran lorsque sont en cause des dispositions législatives contraires aux droits et libertés constitutionnellement garantis.

b) Des traités internationaux et des actes dérivés et ce, alors même qu'une loi, fût-elle postérieure, serait incompatible avec eux (CE, Nicolo, 1989). Si ces normes l'emportent désormais sur les lois – et, en cas d'incompatibilité avec elles, en rendent les dispositions inapplicables –, elles ne prévalent pas, dans l'ordre interne, sur la Constitution (CE, Sarran, 1998). Toutefois, en raison des dispositions de l'article 88-1 de la Constitution qui imposent une obligation de transposition des directives européennes, le Conseil constitutionnel refuse de contrôler les lois de transposition, sauf si elles vont à l'encontre d'un principe inhérent à l'identité constitutionnelle de la France. Il faut noter aussi que les modalités particulières de contrôle du Conseil d'État sur les décrets de transposition peuvent le conduire, s'il a un doute sérieux sur la conformité d'une directive à un principe général du droit de l'Union, à saisir la Cour de justice de l'Union européenne d'une question préjudicielle (CE, Arcelor, 2007). Les directives peuvent désormais comporter des dispositions d'effet direct (CE, Perreux, 2009).

c) De la loi : la limitation par la loi devrait certes être moins importante depuis l'existence du pouvoir réglementaire autonome, mais on constate malgré tout une inflation législative préoccupante. Comme le gouvernement ne peut, sous peine d'annulation du règlement, pénétrer dans le domaine législatif, la prééminence de la loi, qui se traduisait jadis par l'obligation de respecter ses dispositions, se manifeste également à présent par la protection de son domaine.

d) Des principes généraux du droit, à valeur « supradécrétale » mais « infralégislative » (Chapus), dont le juge impose le respect à l'Administration en dehors de tout texte et en l'absence de texte législatif contraire. La théorie des principes généraux du droit permet de sanctionner juridiquement des règles relevant jusque-là de la morale ou de l'équité : elle constitue ainsi un point de passage privilégié de la morale au droit. Par là même, le juge est en mesure d'imposer à l'Administration une certaine éthique. Les principes consacrés par la jurisprudence sont d'inspiration essentiellement libérale, et confèrent au droit administratif sa coloration si particulière. Parmi ces principes, on peut citer : l'égalité des citoyens devant l'autorité publique (égalité des sexes, égalité d'accès aux emplois publics, devant les charges publiques, etc.), le caractère restreint du pouvoir de police, la faculté de contester la légalité de tout acte administratif devant le juge, la possibilité pour un citoyen menacé d'une sanction de connaître les griefs allégués contre lui et de se défendre, la non-rétroactivité des actes administratifs, le principe de sécurité juridique, le principe de la liberté du commerce et de l'industrie, la publicité des débats devant les tribunaux judiciaires, le droit des étrangers comme des nationaux de mener une vie familiale normale, l'impossibilité d'extrader un réfugié politique à la demande de son pays, l'interdiction pour l'Administration de licencier une salariée en état de grossesse, etc. Certaines de ces règles trouvent un appui dans la Déclaration des droits de l'homme et du citoyen de 1789 ou le Préambule de 1946. Le Conseil d'État, qui préférait y voir des principes généraux valables indépendamment de tout texte, tend toutefois aujourd'hui à les fonder de préférence sur le Préambule de la Constitution.

2. **La limitation interne.** – Il existe également des règles qui, bien qu'émanées de l'Administration elle-même, limitent son action en vertu du principe de la hiérarchie de normes. En premier lieu, aucune autorité administrative ne peut déroger par un acte individuel à une règle générale posée par l'autorité compétente : celle-ci peut certes modifier son règlement dans les formes requises, mais elle ne peut elle-même y déroger tant qu'il est en vigueur, ce qui constitue une garantie fondamentale de sécurité pour les administrés. En second lieu, entre deux actes de même nature (réglementaire ou individuelle), celui pris par une autorité subordonnée est toujours lié par la décision prise par l'autorité supérieure. Enfin, entre deux actes de même nature émanés d'une même autorité, l'acte le moins solennel doit respecter les dispositions de l'acte intervenu dans les formes les plus solennelles (le décret en Conseil d'État s'impose au décret simple).

3. **La théorie des circonstances exceptionnelles**
En vertu d'une jurisprudence qui remonte à la guerre de 1914 (CE, Heyriès, 1918), les règles de droit qui s'imposent à l'Administration ne sont pas les mêmes en période de « circonstances exceptionnelles » qu'en temps normal. Selon la formule du Conseil d'État, « dans des circonstances exceptionnelles, les autorités administratives peuvent prendre des mesures dépassant le cercle de leurs attributions normales en vue de pourvoir d'extrême urgence aux nécessités du moment ». Les règles de compétence et de forme sont assouplies ; une voie de fait peut se transformer en illégalité « simple » ; des mesures normalement illégales peuvent être prises valablement ; un agissement habituellement fautif peut ne pas engager la responsabilité de l'Administration. Cela ne signifie

pas que le principe de légalité est écarté : cela signifie qu'une légalité de rechange, une légalité de crise, se substitue à la légalité normale. Aussi appartient-il au juge de vérifier, dans chaque cas, si les circonstances étaient exceptionnelles et si la bonne marche des services publics exigeait la violation de la légalité normale. Cette théorie ne constitue donc pas une « lacune » du droit, mais un simple « correctif » de la légalité (Laubadère). Cette jurisprudence – qui s'est appliquée pendant la guerre, lors de l'exode de 1940, à la Libération, pendant les événements d'Indochine et d'Algérie et lors des incidents de Nouvelle-Calédonie en 1985 – peut également s'appliquer à des cataclysmes naturels ; elle complète les législations d'exception sur l'état de siège et l'état d'urgence ainsi que l'article 16 de la Constitution.

III. – Le rapport de légalité : pouvoir discrétionnaire et compétence liée

Le rapport entre la règle de droit et l'action administrative est plus ou moins étroit. Il oscille entre une notion minimum – un rapport de compatibilité – et une notion maximum – un rapport de conformité (Eisenmann). Dans la mesure où la règle de droit laisse une marge de liberté à l'Administration, on parle de pouvoir discrétionnaire ; dans la mesure où elle lui dicte la conduite à tenir, on parle de compétence liée.

Il arrive que la compétence de l'Administration soit entièrement liée : tel est le cas du calcul du traitement des fonctionnaires ou de l'octroi d'un avancement à l'ancienneté. En revanche, il n'y a pas d'exemple de pouvoir entièrement discrétionnaire de l'Administration : même lorsqu'elle dispose d'un large pouvoir d'appréciation (avancement au choix, octroi de récompenses, expulsion d'un étranger, etc.), elle est toujours liée au minimum par des règles de compétence et de procédure, par la nécessité de respecter les normes supérieures, par l'obligation d'agir dans un but d'intérêt public et par l'interdiction de fonder sa décision sur des faits matériellement inexacts ; le plus souvent, elle est liée également par l'interdiction de commettre une erreur manifeste d'appréciation. La plupart des décisions mettent en œuvre une part de pouvoir discrétionnaire et une part de compétence liée : l'action de l'Administration est limitée sur certains points, libre sur d'autres.

Le degré de liberté laissé à l'Administration découle généralement du texte qui lui accorde un pouvoir déterminé et qui prévoit des conditions plus ou moins strictes à son exercice. Mais il arrive que le juge, dans son interprétation du texte, lie un pouvoir que le texte a laissé largement discrétionnaire ou délie une compétence que le texte a prévue fortement liée.

Le dosage entre pouvoir discrétionnaire et compétence liée est important à plusieurs égards. Il donne la mesure de la liberté de l'Administration, puisqu'il constitue le point d'équilibre entre l'automatisme absolu et l'arbitraire pur. Il détermine également les droits de l'administré, qui peut, selon le cas, exiger de l'Administration une conduite ou une abstention. Il fixe enfin les limites du contrôle du juge : dans la mesure où il y a compétence liée, l'attitude de l'Administration soulève un problème de légalité sur lequel il appartient au juge d'exercer son contrôle ; dans la mesure, au contraire, où il y a pouvoir discrétionnaire, l'attitude de l'Administration intéresse non plus la légalité, mais l'opportunité et est soustraite au contrôle du juge. On verra comment, sous le couvert du contrôle de la « violation de la loi », le juge administratif parvient tout à la fois à restreindre l'étendue du pouvoir discrétionnaire et à faire pénétrer son contrôle à l'intérieur même de ce dernier.

Chapitre II

LA SOUMISSION AU JUGE : LE PRINCIPE DE SÉPARATION

Parler de la soumission de l'action administrative au juge, c'est évoquer l'exceptionnelle réussite que constitue le contrôle juridictionnel de l'Administration par la juridiction administrative. Mais on ne saurait pour autant oublier ni les limites inévitables de cette soumission ni le fait que ce contrôle ne relève plus aujourd'hui qu'en partie du juge administratif.

Les limites du contrôle juridictionnel. – Ces limites ont longtemps été étroites, le plus souvent du fait même du juge administratif qui, pratiquant une autocensure, s'interdisait d'user de certains pouvoirs cependant inhérents à la fonction juridictionnelle. Paradoxalement, c'est le législateur qui a progressivement levé certains barrages.

Sans doute le contrôle juridictionnel, en vertu du privilège du préalable, ne peut-il intervenir qu'*a posteriori* : l'Administration exécute ses décisions sans avoir à recourir au juge, et c'est seulement en cas de recours que le juge est amené à se prononcer sur leur validité. Toutefois, les administrés disposent désormais de recours efficaces tendant à interrompre, voire à mettre à néant, pour cause d'illégalité, des opérations administratives en voie d'accomplissement.

Par ailleurs, le juge, qui se reconnaissait le pouvoir d'annuler des actes administratifs illégaux (recours pour excès de pouvoir) et de prononcer des condamnations pécuniaires contre l'Administration (recours de plein contentieux), s'interdisait de substituer à l'acte illégal un nouvel acte, légal, ou de prononcer une injonction imposant à l'Administration une obligation de faire (exécution de travaux, restitution de documents...). Depuis la loi du 8 février 1995, le juge peut, à la demande des parties, prononcer des injonctions soit lorsque le respect de la chose jugée implique nécessairement qu'une mesure soit prise dans un sens déterminé, soit lorsque le juge estime que l'Administration doit reprendre l'opération et statuer après une nouvelle instruction. Certes le juge s'interdit toujours de prononcer des injonctions à titre principal, mais, dans les limites où la loi l'y autorise, il n'hésite plus à contraindre l'Administration à agir, et ces nouveaux pouvoirs d'injonction irradient toute sa jurisprudence.

Il reste que les personnes publiques, y compris les établissements publics à caractère industriel et commercial, sont soustraites aux voies d'exécution du droit commun. On imagine mal la saisie d'une mairie par un créancier de la commune. On ne voit d'ailleurs pas comment le concours de la force publique pourrait être mis à la disposition d'un créancier contre l'Administration.

Le cumul des prohibitions traditionnelles conduisait souvent à une exécution très lente par l'Administration des décisions de justice, voire à leur inexécution. Progressivement, le législateur a permis au juge de recourir à des astreintes pour assurer cette exécution. Une loi de 1980 a ouvert la voie, et depuis 1995 toute juridiction à compétence générale peut recourir à l'astreinte pour faire exécuter une décision définitive. Cette possibilité peut se cumuler avec l'utilisation du pouvoir d'injonction. La panoplie du juge est désormais pourvue d'armes non négligeables contre l'indifférence ou le mauvais vouloir de l'Administration au regard des décisions de justice la condamnant. En outre, lorsqu'une personne publique a été condamnée pécuniairement, l'autorité de tutelle peut user de son pouvoir de substitution pour procéder à la vente forcée de ses biens, à l'exception de ceux indispensables au bon fonctionnement des services publics. Il s'agit cependant d'un domaine où le droit ne peut tout faire. L'exécution des sentences juridictionnelles par les collectivités publiques repose sur la bonne foi de l'Administration et le prestige du juge.

La division du contrôle juridictionnel. – À l'origine, le principe de séparation était conçu comme une machine de guerre dirigée contre les tribunaux judiciaires dont on redoutait l'intrusion indiscrète dans la marche de l'Administration ; aujourd'hui, la crainte de voir les tribunaux judiciaires « troubler les opérations des corps administratifs » s'est dissipée, et le principe de séparation a perdu son caractère agressif à l'égard des juridictions judiciaires. Politique dans ses racines historiques, le principe revêt à présent un caractère essentiellement technique : deux ordres juridictionnels distincts pour deux systèmes de droit différents. On comprend que le principe de séparation, qui n'a pas en lui-même valeur constitutionnelle (Cons. const., 1987), soit loin d'être absolu.

Paradoxalement, les remarquables progrès du contrôle par les juridictions administratives se sont accompagnés d'un rétrécissement de son champ d'application. Si le juge administratif demeure, quantitativement et qualitativement, l'instrument essentiel de la soumission de l'action administrative au juge, il existe aujourd'hui un contentieux judiciaire de l'Administration de plus en plus important.

Le Tribunal des conflits. – L'ambiguïté du principe de séparation se reflète dans l'organe créé en 1872 pour régler les conflits de compétence, composé paritairement et dont la présidence est assurée par le garde des Sceaux (qui ne vient présider que les très rares séances au cours desquelles se produit un « partage » des voix). Gardien du principe de séparation, le Tribunal des conflits a une mission à la fois politique et technique. Politique, par la procédure du conflit positif d'attribution, qui permet à l'administration de dessaisir un tribunal judiciaire d'une affaire la concernant, jusqu'à ce que le Tribunal des conflits ait statué sur la compétence du juge judiciaire : procédure à sens unique, qui tend à protéger l'Administration contre le juge judiciaire. Technique aussi, par la procédure du conflit négatif, qui conduit le Tribunal à donner un juge au plaideur qui s'est heurté à des décisions d'incompétence de la part de chacun des deux ordres de juridiction. Mais l'aspect technique tend ici aussi à l'emporter sur l'aspect politique : un décret de 1960 permet de saisir le Tribunal des conflits pour qu'il prévienne les conflits négatifs et, surtout, autorise le Conseil d'État et la Cour de cassation à renvoyer au Tribunal, avant de statuer au fond, le soin de décider sur « toute question de compétence soulevant une difficulté sérieuse et mettant en jeu la séparation des autorités administratives et judiciaires ». Garant de la soustraction de l'Administration au juge judiciaire, le Tribunal des conflits est devenu au premier chef un organe régulateur de la division du contrôle de l'action administrative entre les deux ordres de juridiction (depuis une loi de 1932, il est exceptionnellement juge du fond en cas de décisions contradictoires des deux ordres de juridictions conduisant à un déni de justice).

I. – Le contrôle par la juridiction administrative

On pouvait craindre que, issu de l'Administration et demeuré proche d'elle, le Conseil d'État se montrât peu enclin à protéger les droits et libertés du citoyen. Il n'en a rien été. Le Conseil d'État a imprimé à la vie publique française un climat de libéralisme : dans les périodes les plus troublées, et sous les régimes les plus autoritaires, il a tenté de sauver un minimum de liberté. La manière dont il a intégré dans la tradition les innovations de 1958 en matière de pouvoir réglementaire n'est qu'un exemple parmi d'autres d'une politique jurisprudentielle de continuité qui tend à atténuer les mutations brusques et à émousser les dents de scie de l'histoire politique tourmentée de la France. Les tribunaux judiciaires auraient-ils aussi bien réussi ? Cela n'est pas certain. La suppression de la juridiction administrative, prônée parfois, ne saurait être envisagée sans risque majeur. Le juge judiciaire connaît mal les réalités de l'Administration et pourrait se révéler d'une excessive timidité à son égard.

L'exceptionnelle réussite du contrôle juridictionnel de l'Administration par le juge administratif est essentiellement due aux caractères spécifiques de la juridiction administrative ; elle se manifeste surtout dans ces institutions très originales que sont le recours pour excès de pouvoir et la responsabilité administrative.

1. **La juridiction administrative**[1]. – Par bien des aspects, la juridiction administrative paraît déroutante au profane. Ses relations assez particulières avec l'Administration, son organisation peu banale, sa procédure spécifique : autant de traits qui peuvent étonner, mais qui révèlent la parfaite adaptation de l'instrument à sa fonction.

A) Les *relations de la juridiction administrative avec l'Administration active* sont subtiles. Historiquement, en effet, la juridiction administrative s'est développée à l'intérieur de l'Administration, et Michel Debré n'avait pas hésité à déclarer en 1958, devant le Comité consultatif constitutionnel : « À mon avis, la magistrature administrative n'existe pas ; il y a seulement des fonctionnaires administratifs qui occupent des fonctions de juges. »

Il est exact que le Conseil d'État et les conseils de préfecture ont commencé par être des conseils de l'Administration avant d'être ses juges, et le Conseil d'État exerce toujours d'importantes fonctions consultatives. Loin de nuire à leur fonction juridictionnelle, les attributions administratives des juridictions administratives ne font

1. Cf. B. Odent et D. Truchet, *La Justice administrative*, coll. « Que sais-je ? », n° 1806 ; Y. Robineau et D. Truchet, *Le Conseil d'État*, coll. « Que sais-je ? », n° 2855.

qu'accroître leur valeur et leur efficacité. Demeurant aujourd'hui comme hier un juge-administrateur (Chapus), le juge administratif est tout à la fois le censeur de l'Administration et son collaborateur. Il est vrai aussi que les juges administratifs sont soumis au statut général de la fonction publique (pour les membres des tribunaux et cours, dans la mesure où ses dispositions ne sont pas contraires à leur statut de magistrat), qu'ils sont en principe issus de l'ENA comme les hauts fonctionnaires de l'Administration active et que leur carrière relève du gouvernement. Le prestige du Conseil d'État le met toutefois à l'abri de toute pression. Ses membres bénéficient d'une totale indépendance, et leur avancement, théoriquement au choix, se fait toujours à l'ancienneté (à l'exception du vice-président et des présidents de section). Les garanties d'indépendance des membres du Conseil d'État ont été encore renforcées par l'adoption d'une charte de déontologie et l'installation d'un collège de déontologie. Les membres des tribunaux administratifs et des cours administratives d'appel, qui se sont vu reconnaître en 2012 la qualité de magistrats, ont un statut qui leur assure de solides garanties. Ils bénéficient de la même inamovibilité que les magistrats judiciaires. Se référant à la loi du 24 mai 1872 instituant la justice déléguée, le Conseil constitutionnel a précisé en 1980 que, en vertu des principes fondamentaux reconnus par les lois de la République, l'indépendance des juridictions administratives et le caractère spécifique de leurs fonctions sont garantis à l'encontre tant du pouvoir législatif que du gouvernement. L'indépendance de la juridiction administrative se trouve ainsi haussée au rang d'un principe constitutionnel, à l'instar de l'indépendance de la juridiction judiciaire, garantie par l'article 64 de la Constitution.

B) C'est, bien entendu, *le Conseil d'État* qui forme la pièce maîtresse de cette organisation. Traversant depuis plus de deux siècles les changements de régime, le Conseil d'État a profondément marqué la vie française et sans lui le droit administratif ne serait pas ce qu'il est. Juridiction administrative suprême, mais aussi conseil du gouvernement ; pépinière de hauts fonctionnaires, voire de ministres et d'hommes politiques ; point de départ mais aussi couronnement de carrières brillantes ; dans l'Administration mais également indépendant d'elle : le Conseil d'État est tout cela à la fois.

Mais, au-delà des rouages apparents et des mécanismes institutionnels, il est aussi un club à l'atmosphère très particulière, d'un niveau remarquablement élevé, dont les membres ont essaimé dans les plus hauts emplois de l'État, qui est l'État mais le contrôle en même temps : un « grand corps » – le plus grand des grands corps – de l'État. Les défauts certes ne manquent pas : l'esprit de corps frôle parfois l'esprit de caste, le sens de l'État ne va pas sans un certain orgueil ni le goût de bien faire sans quelque autosatisfaction. Mais le bilan demeure largement positif, et l'on comprend qu'à la moindre menace planant sur le Conseil d'État les secteurs les plus divers de l'opinion se mobilisent pour voler à son secours.

Ces résultats n'auraient sans doute pas été atteints sans un recrutement d'une exceptionnelle qualité. À la base, les auditeurs proviennent tous du concours de sortie de l'ENA. Aux échelons des maîtres des requêtes et des conseillers d'État, une faible proportion est réservée au recrutement au tour extérieur, plus encadré qu'autrefois. Douze conseillers d'État en service extraordinaire, choisis parmi les personnalités qualifiées dans les différents domaines de l'activité nationale, sont nommés par décret pour quatre ans, mais ne participent à aucune activité juridictionnelle. Depuis 2012 existent également des maîtres des requêtes en service extraordinaire. Ainsi se trouvent assurés tout à la fois la carrière – et, partant, l'indépendance – des membres du corps, une ouverture sur l'extérieur et un brassage des âges. Le Conseil, qui siège au Palais-Royal, est présidé par un vice-président, nommé par le gouvernement.

Les 300 membres environ du Conseil d'État sont répartis entre les sections administratives et la section du contentieux. Alors que traditionnellement un même membre ne pouvait être affecté à la fois à une section administrative et à la section du contentieux, la règle avait été inversée en 1963, et certaines formations de jugement comprenaient obligatoirement des conseillers relevant de la double affectation ; on pensait que les décisions contentieuses seraient ainsi fondées sur une meilleure compréhension des nécessités administratives. Cette dualité a toutefois été critiquée : s'agissant du Conseil d'État luxembourgeois, la Cour européenne des droits de l'homme l'a condamnée comme « de nature à mettre en cause l'impartialité structurelle » de la juridiction (Procola, 1995). Le décret du 6 mars 2008 (tirant les conséquences d'un arrêt de la CEDH Sacilor-Lormines, 2006) n'a pas supprimé la double appartenance, mais a réaménagé les rapports entre les formations contentieuses et les formations administratives afin d'éviter leurs interférences : désormais, seule l'Assemblée du contentieux continue à comprendre obligatoirement, mais de façon minoritaire, des membres des sections administratives.

Les fonctions administratives du Conseil d'État sont remplies, depuis la création de la section de l'Administration en 2008, par six sections administratives – dont la section du rapport et des études, qui a des attributions horizontales – et par l'Assemblée générale du Conseil d'État. Si ces formations ne possèdent pas de pouvoir de décision, leur importance n'en est pas moins considérable. D'abord parce que dans certains cas (projets de lois et d'ordonnances, décrets en Conseil d'État), le gouvernement est tenu de consulter le Conseil d'État avant de prendre une décision, ce qui signifie que l'ensemble des questions posées par le texte adopté par le Conseil des ministres doivent avoir été soumises au Conseil d'État (Cons. const., 2003). Le plus souvent, l'avis donné est suivi. L'examen des projets de lois (et désormais parfois des propositions de lois) par le Conseil d'État permet souvent de prévenir une censure éventuelle de la loi par le Conseil constitutionnel. Ensuite parce que, selon la précision donnée par le Premier ministre en 1987, le Conseil d'État doit fonder ses avis « non seulement sur des considérations juridiques, mais encore sur des motifs tirés de l'équité, de la bonne administration et, plus généralement, des principes généraux qui sont le fondement de la démocratie française ».

Les fonctions du Conseil d'État statuant au contentieux sont remplies essentiellement par les membres de la section du contentieux, elle-même divisée en dix sous-sections avec, à sa tête, un président et trois présidents adjoints. Après une instruction en sous-section, la décision est rendue par une formation de jugement qui varie selon l'importance et la difficulté de l'affaire (une sous-section, deux sous-sections réunies, section, assemblée du contentieux).

Il faut mentionner aussi que les membres du Conseil d'État sont associés à de nombreuses tâches administratives et sont souvent détachés dans de hautes fonctions de l'Administration et du secteur public.

C) La *structure de la juridiction administrative* est très différente de celle de la juridiction judiciaire, bien que la réforme du contentieux administratif de 1987 les ait quelque peu rapprochées.

a) Des juridictions à compétence générale (Conseil d'État, cours administratives d'appel et tribunaux administratifs) coexistent avec une trentaine de juridictions spécialisées (Cour des comptes, Cour de discipline budgétaire et financière, Cour nationale du droit d'asile, juridictions ordinales, juridictions universitaires, etc.).

b) Le Conseil d'État a un rôle central dans la « structure concentrique » (Chapus) que constitue l'ordre administratif – un rôle très différent de celui de la Cour de cassation, sommet de la structure pyramidale que forme l'ordre judiciaire : selon les affaires, il est juge de premier ressort, d'appel ou de cassation.

Bien qu'il ne soit plus juge de droit commun du contentieux administratif, il conserve certaines compétences en premier et dernier ressort (réduites par un décret de février 2010), si bien que certaines affaires ne sont examinées qu'une seule fois. Il en est ainsi entre autres, en raison de l'importance des litiges, des recours dirigés contre les décrets et ordonnances non ratifiées ou contre les décisions réglementaires des ministres, ou encore des recours relatifs au recrutement et à la discipline des fonctionnaires nommés par décret du président de la République. L'intérêt d'une bonne administration de la justice donne également compétence directe au Conseil d'État pour connaître des recours connexes à ceux pour lesquels il est directement compétent. Bien qu'il demeure, en théorie, juge d'appel de droit commun du contentieux administratif, sa compétence d'appel a été en quasi-totalité transférée aux cours administratives d'appel. En revanche, son rôle de juge de cassation s'est corrélativement développé, puisque, à sa compétence traditionnelle à l'égard de la plupart des décisions des juridictions spécialisées, s'est ajouté son contrôle sur les arrêts des cours administratives d'appel et, depuis 2003, sur les jugements des tribunaux administratifs rendus en dernier ressort. Il assure également un rôle de coordination et de prévention des litiges par le biais des « avis contentieux » : les juridictions subordonnées peuvent lui demander un avis sur les questions de droit nouvelles présentant une difficulté sérieuse et se posant dans de nombreux litiges. Il joue également un rôle de filtre en transmettant au Conseil constitutionnel les questions prioritaires de constitutionnalité.

c) Les cours administratives d'appel[1] créées par une loi de 1987, actuellement au nombre de huit, ont pour mission essentielle de statuer en appel sur les recours contre les jugements des tribunaux administratifs. Le Conseil d'État n'est plus compétent que pour connaître des appels contre

1. Cf. M. Gentot, H. Oberdoff, *Les Cours administratives d'appel*, coll. « Que sais-je ? », nº 2566.

les jugements rendus en matière de recours en appréciation de légalité, d'élections locales et de certains référés ; 90 % des appels environ relèvent désormais des cours. Il est projeté de leur attribuer certaines compétences en premier et dernier ressort.

d) Les tribunaux administratifs (42 dont 31 pour la métropole), devenus en 1953 juridictions administratives de droit commun en première instance du contentieux administratif, constituent la cellule de base de la juridiction administrative.

Cette réforme a permis d'alléger le rôle surchargé du Conseil d'État et d'accélérer pendant quelques années le cours de la justice administrative. La qualité de cette dernière n'en a pas souffert. Le recrutement amélioré des membres de ces tribunaux (essentiellement anciens élèves de l'ENA et autres fonctionnaires), la revalorisation de leurs traitements, la meilleure organisation de leur carrière : tout cela a contribué à donner à ces juridictions un niveau élevé qu'attestent le faible pourcentage des appels et le nombre relativement restreint des annulations et réformations prononcées par le Conseil d'État.

Les réformes de 1953 et de 1987, dont l'objet était de désencombrer le Conseil d'État, ont relativement bien atteint leur but. L'explosion contentieuse a cependant conduit à un engorgement – qui se résorbe progressivement – de l'ordre administratif dans son ensemble. En 1953, il y avait 25 000 dossiers en instance au Conseil d'État ; en 1968, 4 800 et, en 1987, à nouveau 25 000. Depuis 1993, le Conseil d'État a rendu un nombre de décisions en général un peu supérieur au nombre des affaires enregistrées (en 2011 près de 11 000 pour un peu moins de 10 000 enregistrées), de sorte que l'arriéré, fin 2011, était d'environ 7 400. Les cours administratives d'appel ont rendu près de 30 000 arrêts et ont été saisies d'environ 28 500 affaires. Leur arriéré était de 28 700 dossiers. Quant aux tribunaux administratifs, ils ont réglé 192 000 affaires et ont été saisis de 187 000 recours. Leur arriéré, fin 2011, était de 180 000 dossiers.

D) La *procédure*[1] devant les juridictions administratives est, depuis 2001, codifiée dans le Code de justice administrative.

a) Elle facilite l'établissement de la vérité :

– dès l'ouverture du procès, la règle de la décision préalable permet de circonscrire l'objet du litige : il est de principe que, sauf en matière de travaux publics, la juridiction administrative ne peut être saisie que par voie de recours contre une décision. S'il veut, par exemple, obtenir une indemnité, l'administré doit d'abord faire une demande à l'Administration, et c'est la prise de position de cette dernière qui sera déférée au juge. Le silence de deux mois gardé par l'Administration sur une réclamation constitue une décision implicite de rejet susceptible d'être attaquée au contentieux ; mais des textes de plus en plus nombreux assimilent le silence de l'Administration à une décision d'acceptation ;

– le caractère essentiellement écrit de la procédure permet l'approfondissement de l'affaire, facilite l'étude des dossiers par le juge et évite les surprises et les effets d'audience. Les avocats peuvent certes présenter des observations orales devant la juridiction, mais ils ne peuvent le faire qu'à l'appui de leurs conclusions écrites ; devant le Conseil d'État, la plaidoirie demeure, en pratique, exceptionnelle. Toutefois, le développement des procédures d'urgence a donné de l'importance à l'oralité ;

– le caractère inquisitorial de la procédure confère au juge un rôle actif dans l'établissement de la vérité. Loin de se contenter d'arbitrer un duel judiciaire, le juge administratif dirige l'instruction, sollicite des éléments de preuve et partage parfois la charge de cette dernière entre les deux parties. Dans l'affaire Barel (1954), le Conseil d'État a ainsi annulé le refus opposé par le gouvernement à plusieurs candidats de subir les épreuves du concours

1. Cf. P. Fanachi, *Le Procès administratif*, coll. « Que sais-je ? », nº 2709.

d'entrée à l'ENA, parce que le gouvernement n'avait pas établi que les motifs de ce refus n'étaient pas d'ordre politique. Si le requérant apporte des éléments laissant présumer une discrimination illicite, il appartient au défendeur de renverser la présomption (CE, Perreux, 2009). Il n'est pas exigé de l'auteur d'un recours pour excès de pouvoir qu'il apporte la preuve des faits qu'il avance, mais seulement qu'il fournisse des allégations sérieuses non démenties par l'Administration (CE, Cordière, 2012) ;

– enfin, avant de statuer, la juridiction administrative entend les conclusions du rapporteur public (sauf dispenses de plus en plus fréquentes de conclusions) L'ambiguïté de la traditionnelle appellation de commissaire du gouvernement, qui pouvait laisser croire qu'il représentait le gouvernement, a pris fin en 2009. Il est un membre de la juridiction et a pour mission, en s'appuyant sur le dossier complet de l'affaire, d'exposer publiquement et en toute indépendance son opinion sur les solutions qu'appelle, suivant sa conscience, le litige soumis à la juridiction. Il continue à s'exprimer en dernier devant le Conseil d'État, les avocats pouvant cependant lui répondre, mais ce sont désormais les parties qui s'expriment en dernier devant les tribunaux et les cours. La Cour européenne des droits de l'homme ayant condamné, au nom de la « théorie des apparences », sa participation au délibéré, il n'y est plus présent devant les tribunaux administratifs et les cours administratives d'appel ; et s'il continue, sauf demande contraire d'une partie, d'y assister devant le Conseil d'État, il n'y prend pas part.

b) La procédure administrative est largement accessible aux citoyens :

– le formalisme est réduit. Peu de délais de procédure : essentiellement le délai de deux mois (à compter de la notification ou de la publication de la décision attaquée) pour former le recours qui doit être rédigé en langue française. Ce délai est bref, mais le législateur a voulu que l'incertitude planant sur la validité des actes administratifs ne se prolonge pas exagérément. Pas d'huissiers :

la procédure administrative fait confiance aux lettres recommandées avec avis de réception ;

– le coût de la procédure est modéré. Le ministère d'avocat est en principe obligatoire (devant le Conseil d'État, un monopole existe au profit d'officiers ministériels hautement compétents, les avocats au Conseil d'État et à la Cour de cassation) ; mais certains recours, surtout en première instance, en sont dispensés (recours pour excès de pouvoir, recours en matière d'élections, de pensions, etc.). Depuis 2011, le requérant doit acquitter la contribution pour l'aide juridique (35 €). Le requérant malheureux peut être condamné au remboursement des dépens et de certains frais supportés par son adversaire et, en cas de recours abusif, à une amende, exceptionnellement prononcée.

c) Tout en facilitant l'accès de l'administré au prétoire, la procédure administrative est aménagée de façon à ne pas entraver la bonne marche de l'Administration. En vertu du principe de l'effet non suspensif du recours, l'acte attaqué continue de s'appliquer. Sans doute cette règle, corollaire du privilège du préalable, réduit-elle souvent l'intérêt de l'annulation subséquente. Mais il n'était guère possible d'admettre que, par le simple effet du recours d'un particulier, l'Administration se vît privée de la faculté de mettre à exécution des décisions souvent urgentes : l'effet non suspensif est un mal nécessaire. Le juge saisi peut toutefois ordonner la suspension d'exécution. Ce « référé-suspension », créé par la loi du 30 juin 2000 relative au référé devant les juridictions administratives, est soumis à des conditions moins strictes que l'ancien sursis à exécution : il est notamment possible à l'encontre des décisions de rejet.

d) Cette même loi a créé le « référé-liberté » qui permet au juge, en cas d'atteinte grave et manifestement illégale à une liberté fondamentale, d'ordonner dans les quarante-huit heures toute mesure nécessaire à la sauvegarde de cette liberté.

2. **Le recours pour excès de pouvoir.** – Ce recours tend à faire annuler une décision administrative illégale par le juge administratif, et a pour objet d'assurer le respect de la légalité. Seules sont recevables les conclusions à fin d'annulation, et les pouvoirs du juge sont limités à l'annulation (sous réserve de la possibilité d'injonctions depuis la loi de 1995) : la demande en indemnité et l'allocation de dommages et intérêts relèvent du plein contentieux, lequel ne bénéficie pas de la dispense du ministère d'avocat. Recours destiné à assurer le respect de la légalité, il est un recours objectif, qui ne tend pas à départager les droits subjectifs d'un demandeur et d'un défendeur, mais à faire annuler une décision administrative unilatérale non conforme au droit : selon la formule classique, c'est un procès fait à un acte.

Le recours pour excès de pouvoir est le fleuron de l'œuvre jurisprudentielle du Conseil d'État, et l'on comprend le succès qu'il a rencontré en maint pays étranger et dans le droit de l'Union européenne. Au terme d'une longue évolution, il permet aujourd'hui un contrôle de la légalité largement ouvert et profondément poussé. On lui a longtemps reproché ses effets plus théoriques que pratiques. Un ensemble de réformes (injonction, astreinte) a permis d'améliorer notablement ses conséquences réelles. Néanmoins, on assiste actuellement à un recul du recours pour excès de pouvoir au profit du recours de pleine juridiction [notamment en matière de sanctions administratives (CE, ATOM, 2009), en matière sociale et contractuelle] qui offre au juge des pouvoirs plus diversifiés.

A) Les *conditions de recevabilité* du recours sont des plus libérales. Il « est ouvert, même sans texte, contre tout acte administratif » en vertu des principes généraux du droit (CE, Lamotte, 1950). Il permet ainsi d'assurer le contrôle de toutes les décisions administratives faisant grief soumises au principe de légalité. N'importe quelle décision ne peut cependant être attaquée par n'importe qui, car on aboutirait à une *actio popularis*, certes dans la logique du caractère objectif du recours, mais qui troublerait le fonctionnement des juridictions comme la marche des administrations. À l'inverse, réserver la faculté de recours à celui dont la décision aurait lésé un véritable droit aurait restreint la portée du contrôle de légalité. Aussi la jurisprudence adopte-t-elle une position intermédiaire : pour avoir qualité pour agir, il faut mais il suffit que le requérant puisse se prévaloir d'un « intérêt froissé », c'est-à-dire que la décision attaquée ait pour le requérant des conséquences fâcheuses. L'intérêt, apprécié de façon subjective par le juge, peut être non seulement matériel, mais moral (respect de la liberté religieuse, etc.). Il n'est pas nécessaire que l'intérêt invoqué soit propre et spécial au requérant, mais « il doit s'inscrire dans un cercle où la jurisprudence a admis des collectivités toujours plus vastes d'intéressés, sans l'agrandir toutefois jusqu'aux dimensions de la communauté nationale » (Chenot). Donnent ainsi un intérêt suffisant pour agir : la qualité de contribuable d'une commune contre les décisions engageant les finances de la commune ; celle d'usager contre les décisions relatives à la marche du service public ; celle d'électeur contre un sectionnement électoral ou le décret organisant la campagne en vue d'un référendum. La simple qualité de citoyen ou de contribuable national n'est, en revanche, pas suffisante.

B) Les *moyens d'annulation* (ou cas d'ouverture) sont conçus aujourd'hui de façon à couvrir l'ensemble des illégalités susceptibles d'entacher une décision administrative.

a) Le Conseil d'État a commencé, au XIXe siècle, par censurer l'illégalité externe – celle qui affecte les éléments extrinsèques de l'acte, mais non sa substance même. De cette époque datent les ouvertures de l'*incompétence* et du *vice de forme et de procédure.* Si le juge est très vigilant pour faire respecter les règles de compétence (dont la méconnaissance constitue un moyen d'ordre public), il est beaucoup plus souple s'agissant des règles de forme et de procédure (CE, Danthony, 2011).

b) Depuis la fin du XIXe, il a étendu sa censure à l'illégalité interne, qui affecte soit le but visé par la décision, soit son objet même.

– Le juge annule pour *détournement de pouvoir* toute décision qui, régulière à tous autres égards, a été prise par l'Administration pour un but différent de celui que lui assigne la règle de droit : décisions dont le but est étranger à tout intérêt public et inspiré par le favoritisme, l'animosité personnelle, la défense d'intérêts privés ; décisions qui, tout en poursuivant l'intérêt général, ne sont pas intervenues pour le but assigné légalement à l'acte, car les fins de l'action administrative ne sont pas interchangeables (utilisation par le maire de ses pouvoirs de police, non pour assurer l'ordre public, mais pour favoriser les finances communales) ; décisions qui sont entachées de détournement de procédure, c'est-à-dire intervenues sur une procédure qui n'est pas celle prévue en l'espèce et qui a permis à l'Administration d'éluder certaines formalités ou d'écarter certaines garanties (saisie administrative de journal effectuée dans le cadre de la procédure prévue pour les saisies judiciaires : CE, Frampar, 1960). Ce contrôle des intentions inavouées, voire inavouables, de l'Administration est audacieux mais difficile. Audacieux, car il est déplaisant pour un juge de taxer l'Administration de mauvaise foi : aussi préférera-t-il, dans la mesure du possible, annuler pour une illégalité de caractère objectif (par exemple, pour inexactitude des motifs invoqués). Difficile, parce que le juge est mal armé pour déceler le détournement de pouvoir. Ce contrôle pousse la notion de légalité à son extrême limite, puisque aussi bien il lui intègre celui de la « moralité administrative » et pallie dans une certaine mesure l'absence dans le droit administratif du concept de bonne foi qui joue un rôle si important pour limiter le pouvoir discrétionnaire de l'État en droit international. Les arrêts qui illustrent le détournement de pouvoir sont en nombre limité, mais presque toujours remarquables.

– Enfin, sous le vocable peu heureux de *violation de la loi*, sont censurées les illégalités qui tiennent à l'objet même de l'acte et privent ce dernier de base légale. La base légale d'un acte administratif est « la conjonction régulière des règles générales qui définissent les pouvoirs de l'Administration et de la situation de fait particulière à laquelle ces pouvoirs en l'espèce s'appliquent » (Gazier). La réquisition d'un logement, par exemple, sera légale si elle s'appuie tout à la fois sur une règle générale autorisant la réquisition dans certaines circonstances et sur l'existence des circonstances prévues. On parlera d'erreur de droit si l'Administration a agi sans s'appuyer sur une règle générale ou en s'y appuyant de manière erronée, d'erreur de fait si elle a pris sa décision dans un contexte de fait différent de celui prévu par le droit pour l'exercice de ce pouvoir. Le Conseil d'État a par là même été conduit à contrôler non seulement l'exactitude matérielle des faits sur lesquels l'Administration s'est fondée (CE, Camino, 1916), mais aussi leur qualification juridique (CE, Gomel, 1914). C'est le juge qui décidera en définitive si le film dont la projection est interdite par le maire est immoral, si une publication interdite à la jeunesse est licencieuse ou pornographique, si une organisation syndicale a un caractère représentatif, si l'interdiction d'une réunion était indispensable pour sauvegarder l'ordre public, si l'agissement d'un agent public peut être considéré comme fautif, etc.

Le contrôle juridictionnel s'étend parfois à un bilan coût-avantages. Ainsi, dans le cas d'une déclaration d'utilité publique précédant une expropriation, le juge recherche si « les atteintes à la propriété privée, le coût financier et éventuellement les inconvénients d'ordre social ou les atteintes à d'autres intérêts publics que comporte l'opération ne sont pas excessifs eu égard à l'intérêt qu'elle présente » (CE, Ville nouvelle Est, 1971). Demain, il contrôlera peut-être, à propos de n'importe quelle décision – comme il le fait déjà pour des décisions refusant le licenciement de salariés investis de fonctions représentatives, pour l'application des « projets d'intérêt général » ou pour des décisions d'expulsion ou de reconduite à la frontière (Belgacem, 1991) ou pour certaines sanctions –, si, eu égard aux avantages qu'elle présente, cette décision ne comporte pas une atteinte excessive aux divers intérêts en cause.

Dans ce contrôle de proportionnalité, le juge administratif ne va cependant pas jusqu'à vérifier si le choix d'un tracé pour une autoroute ou d'une appellation pour la rue d'une ville est heureux ou non, car c'est là, à ses yeux, une pure question d'opportunité.

Même lorsqu'il reconnaît à l'Administration un pouvoir discrétionnaire et qu'il écarte en conséquence le contrôle de la qualification juridique des faits, il vérifie presque toujours que l'Administration n'a pas commis une erreur manifeste d'appréciation. C'est ainsi qu'il s'assure que l'Administration n'a pas infligé à un fonctionnaire une sanction manifestement disproportionnée par rapport à la faute commise (CE, Lebon, 1978).

Tout en ce domaine est affaire de nuance et échappe à la systématisation.

C) L'*efficacité du recours* pouvait se trouver compromise par les difficultés soulevées par les *effets de l'annulation.* D'importants progrès ont été réalisés dans ce domaine. L'annulation vaut *erga omnes* et s'impose aux tiers, à l'Administration, aux tribunaux judiciaires comme aux juridictions administratives. Elle a en principe une portée rétroactive, en ce sens que l'acte annulé est censé n'être jamais intervenu : l'Administration doit donc remettre les choses en l'état, effacer toutes les conséquences que l'acte annulé a pu produire pendant l'instance, reconstituer la situation telle qu'elle se serait présentée à la date de l'annulation si l'acte irrégulier n'avait pas été pris. Les difficultés liées aux effets de la rétroactivité, qui peuvent, dans certaines circonstances, se révéler désastreux, ont conduit le Conseil d'État, à titre exceptionnel, à accepter de moduler dans le temps les effets d'une annulation contentieuse (CE, AC !, 2004). Cet assouplissement des principes devrait conduire à limiter le recours aux lois de validation, désormais strictement encadré : elles ne peuvent plus être justifiées que par des motifs impérieux d'intérêt général. L'annulation intervient parfois trop tard et se réduit alors à une censure morale de l'Administration ; l'efficacité des procédures d'urgence atténue toutefois notablement ce risque. Dans d'autres cas, l'exécution, sans être impossible, se révèle difficile. Comment reconstituer fictivement la carrière d'un fonctionnaire irrégulièrement évincé depuis plusieurs années ? En dépit de l'abondante jurisprudence intervenue en cette matière depuis l'arrêt Rodière (1925), certaines difficultés peuvent subsister. On ne peut donc que se féliciter de la faculté reconnue au Conseil d'État d'éclairer l'Administration sur les suites à donner à une annulation. À quoi s'ajoute que la loi du 8 février 1995 permet aujourd'hui au Conseil d'État de prescrire les mesures d'exécution lorsque celles-ci sont la conséquence nécessaire de la décision prononcée et d'assortir ces injonctions d'astreintes. De plus, ses arrêts sont de plus en plus didactiques et précisent la portée de la décision d'annulation lorsque cela paraît nécessaire. Il n'est pas exclu toutefois que, sans être impossible ou difficile, l'exécution se heurte à la négligence, voire à la mauvaise volonté de l'Administration.

D) Depuis la loi de décentralisation de 1982, le déféré préfectoral coexiste avec le recours pour excès de pouvoir à l'encontre des actes des collectivités locales. Il peut être exercé par le préfet, *proprio motu* ou à la demande d'une personne lésée. Même dirigé contre un contrat, il était qualifié de recours pour excès de pouvoir, mais il est maintenant analysé dans ce cas comme un recours de plein contentieux. Les craintes que le déféré ne vienne gonfler excessivement le nombre des recours se sont révélées infondées. Privés de leurs pouvoirs de tutelle, les préfets n'accordent qu'une place limitée à leur mission de « ministère public » gardien de la légalité de l'action des collectivités locales, et ils ne peuvent qu'être confortés dans cette abstention par le fait que le refus de déférer ne peut faire l'objet d'un recours pour excès de pouvoir (CE, Brasseur, 1991).

3. **La responsabilité administrative**[1]. – La soumission de l'Administration au juge se manifeste également par l'octroi d'une indemnité aux particuliers auxquels l'action administrative a causé un préjudice. Jusqu'en 1870, l'indemnisation était pratiquement exclue : l'État était considéré comme irresponsable en raison de sa souveraineté, et les fonctionnaires ne pouvaient être poursuivis qu'avec l'autorisation – très rarement accordée – du Conseil d'État. La chute de l'Empire permit l'abrogation du texte instituant la garantie des fonctionnaires, et, en 1873, le Tribunal des conflits consacra, par l'arrêt Blanco, le principe de la responsabilité de l'État. Enfin, l'arrêt Pelletier (TC, 1873) posa les fondements du partage des responsabilités entre l'agent et la collectivité publique. Un des derniers îlots d'irresponsabilité a disparu avec l'admission de la responsabilité de l'État pour les fautes lourdes commises par les juridictions administratives dans l'exercice de la fonction juridictionnelle, à l'exception du contenu des décisions juridictionnelles définitives (CE, Darmont, 1978). Cependant, afin de se conformer aux exigences communautaires, le Conseil d'État a admis que la responsabilité pouvait être engagée si le contenu d'une décision juridictionnelle était entaché « d'une violation manifeste du droit communautaire ayant pour objet de conférer des droits aux particuliers » (CE, Gestas, 2008).

Pour mesurer l'ampleur de cette évolution, il faut se rappeler que l'arrêt Blanco précisait que la responsabilité de l'État « n'est ni générale ni absolue », qu'« elle a ses règles spéciales » et « ne peut être régie par les principes qui sont établis dans le Code civil » : sortie du néant, la responsabilité de la puissance publique ne pouvait du

1. Cf. J. Moreau, *La Responsabilité administrative*, « Que sais-je ? », n° 2292.

jour au lendemain atteindre le stade d'une responsabilité générale et absolue telle que celle que le Code civil avait consacrée, après des siècles d'évolution, dans les rapports entre particuliers. Mais, depuis lors, l'effort de la jurisprudence a tendu à élargir cette responsabilité, au point qu'aujourd'hui son régime, tout en demeurant juridiquement autonome, ressemble sur plus d'un point à celui de la responsabilité du droit civil. Parallèlement, la jurisprudence a cherché à organiser le partage des responsabilités entre l'Administration et l'agent de façon à toujours mieux protéger les intérêts des administrés.

A) La *responsabilité des collectivités publiques* est, pour l'essentiel, régie par des règles jurisprudentielles : la loi n'est intervenue que pour prévoir, dans certains cas particuliers (dommages causés par des véhicules administratifs, par les services postaux, par des actes de terrorisme, par les transfusions sanguines, par l'activité des établissements de santé, par les attroupements et rassemblements, etc.), des régimes spéciaux de réparation, plus ou moins dérogatoires aux principes posés par le Conseil d'État. L'évolution de la jurisprudence a consisté à améliorer toujours davantage le sort de la victime.

a) En principe, la jurisprudence subordonne la réparation à une faute de service, c'est-à-dire une défaillance dans le fonctionnement du service. Les règles posées sont devenues de plus en plus libérales. Depuis 1905 (CE, Tomaso Grecco), l'exclusion de la responsabilité de l'État en raison des services dits de souveraineté (police notamment) a disparu. L'exigence de la faute lourde régresse. Elle a disparu en matière d'activités médicales et chirurgicales, de secours et de sauvetage, des services pénitentiaires et fiscaux. Le Conseil d'État exige certes encore une faute lourde pour certains services, mais seulement lorsqu'ils fonctionnent dans des conditions particulièrement délicates : probablement services de police, activités de contrôle, notamment sur les collectivités décentralisées, activité des juridictions administratives.

Cette exigence est aujourd'hui assortie de nombreuses exceptions : ainsi, dans son activité de contrôle des transfusions sanguines, la responsabilité de l'État est engagée pour faute simple de même que pour l'excessive lenteur de la juridiction administrative. Par ailleurs, les transferts au juge judiciaire du contrôle des autorités administratives indépendantes de régulation des secteurs bancaire, financier ou boursier ont fait disparaître l'exigence de la faute lourde dans ces domaines. Parfois même, la faute (simple) est présumée (dommages accidentels de travaux publics subis par les usagers).

b) Se fondant sur le risque, sur le principe de l'égalité des citoyens devant les charges publiques et depuis peu sur la notion de garde, le Conseil d'État admet dans certains cas la responsabilité de l'Administration sans faute. L'idée qui anime cette jurisprudence est qu'il serait choquant de refuser, sous le prétexte de l'absence de faute, toute indemnité à des particuliers victimes d'un risque particulier ou au détriment desquels l'égalité devant les charges publiques a été rompue dans l'intérêt général.

Dès le XIXe siècle, cette solution a été appliquée aux dommages causés aux tiers par des travaux ou des ouvrages publics. Ceux-ci peuvent avoir été effectués ou édifiés dans des conditions régulières, et il serait anormal, pensait-on, que les dommages subis par un seul au profit de la collectivité ne soient pas réparés. Le même raisonnement a conduit à accorder une indemnité à toute personne collaborant, même bénévolement, à un service public et victime à cette occasion d'un dommage causé même sans faute (CE, Cames, 1895 ; Cne de Saint-Priest-la-Plaine, 1946), ainsi qu'aux victimes des services employant des armes ou engins dangereux (explosion de munitions : CE, Regnault-Desroziers, 1919 ; usage d'armes à feu par la police : Lecomte, 1949), ou mettant en œuvre des méthodes dangereuses (dommages causés par des délinquants soumis à un régime de détention volontairement libéral ou par des malades mentaux en régime de « sortie d'essai ») ; dommages subis par une institutrice en état de grossesse exposée aux dangers de contagion en cas d'épidémie de rubéole ; dommages liés au risque dû à l'utilisation de certains procédés médicaux, même si ce n'est pas à des fins thérapeutiques, ou de produits sanguins fournis par les centres de transfusion.

Le cas le plus remarquable est toutefois celui du préjudice grave et spécial causé par une mesure dont le juge ne peut pas – ou ne veut pas – dire qu'elle est intervenue dans des conditions irrégulières, mais qui rompt de façon manifeste l'équilibre devant les charges publiques. Cette jurisprudence a été inaugurée avec l'arrêt Couitéas (CE, 1923), à propos de décisions individuelles légales : l'Administration ne commet aucune faute en refusant de prêter le concours de la force publique à l'exécution d'une sentence judiciaire lorsqu'elle risque de troubler l'ordre public, mais elle doit indemniser le propriétaire qui supporte ainsi, dans l'intérêt de l'ordre public, une charge grave et spéciale. La solution a été étendue aux préjudices causés par une loi (CE, La Fleurette, 1938)[1], une convention internationale (CE, Compagnie générale d'énergie radioélectrique, 1966) ou une coutume internationale (CE, Saleh, 2011) – sur la régularité desquelles le juge administratif ne peut pas se prononcer – ainsi qu'aux mesures réglementaires légalement prises. Cette jurisprudence manifeste une grande vitalité (renonciation de la collectivité publique à certains projets, refus par l'Administration de prendre les mesures nécessaires pour remédier à l'occupation d'installations portuaires par des grévistes ou à une grève des contrôleurs de la navigation aérienne, loi interdisant l'expulsion de locataires dans certaines circonstances, etc.).

Dans la mesure où elle permet au juge d'indemniser la victime sans avoir à critiquer l'Administration en qualifiant

1. Sur le plan théorique, l'indemnisation des préjudices causés par une loi soulève des problèmes très particuliers et ne devrait pas relever du droit administratif. Pratiquement, à l'exception de l'arrêt Gardedieu, la jurisprudence paraît assimiler aujourd'hui la responsabilité de l'« État-législateur », au point de vue de son régime juridique, à celle imputable aux actes administratifs légaux.

son action de fautive, cette jurisprudence risque toutefois de conduire, par son dynamisme intrinsèque, à des solutions de facilité : au prix d'une réparation pécuniaire au cas de préjudice grave et spécial, l'Administration se voit ainsi libre d'apprécier si elle doit ou non poursuivre les personnes qui ont violé ses décisions (par exemple, un particulier qui a construit sans permis). Si le concept de responsabilité pour rupture de l'égalité devant les charges publiques constitue à coup sûr un progrès, il ne faudrait pas que son extension inconsidérée le dénature au point de signifier simplement : que l'Administration fasse ce qu'elle veut, quitte à indemniser – dans certains cas – les victimes de son action. Sous le couvert d'une extension de la responsabilité sans faute de l'Administration, on assisterait alors à un dangereux recul du contrôle de la régularité de l'action administrative, pour ne pas dire à une véritable démission du juge administratif.

Il faut ajouter que la question des fondements de la responsabilité publique paraît évoluer. Ainsi, le Conseil d'État s'est récemment fondé sur la notion civiliste de « garde » pour réparer les dommages causés par les mineurs dangereux ou en danger (CE, GIE Axa courtage, 2005 ; MAIF, 2006) ; et il a reconnu une forme de responsabilité du fait des lois résultant de la méconnaissance des engagements internationaux de la France (CE, Gardedieu, 2007) qui semble échapper aux classifications habituelles.

c) Enfin, la réparation est accordée de façon de plus en plus large. Tous les préjudices certains sont réparables et l'indemnité est calculée plus largement qu'autrefois.

B) Tel qu'il avait été posé par la jurisprudence Pelletier, le *partage des responsabilités entre l'Administration et l'agent* désavantageait la victime. Celle-ci devait en effet poursuivre devant les tribunaux judiciaires l'agent lui-même chaque fois que la faute commise avait le caractère d'une faute personnelle ; il en était ainsi lorsque la faute était matériellement détachable du service (faute commise hors du service) ou que, commise dans le service, elle s'en détachait intellectuellement parce qu'elle révélait, selon la formule de Laferrière, non pas « l'administrateur plus ou moins sujet à erreur », mais « l'homme, avec ses faiblesses, ses passions, ses imprudences » (fautes très graves ou intentionnelles). Or, l'agent se révélait souvent insolvable : plus la faute était grave, moins la victime avait de chances d'obtenir réparation. Aussi le Conseil d'État a-t-il admis que la victime d'une faute personnelle demande réparation à l'Administration lorsque le dommage était dû à la fois à une faute personnelle et à une faute de service (cumul de fautes : Anguet, 1911), ou à une faute personnelle non dépourvue de tout lien avec le service (cumul de responsabilités : Lemonnier, 1918 ; Mimeur, 1949 ; Sadoudi, 1973 ; Raszewski, 1988). À l'heure actuelle, toute personne victime d'une faute, même personnelle peut, à moins que celle-ci ne soit entièrement étrangère au service, demander à son gré réparation à l'Administration devant le juge administratif ou à l'agent devant le juge judiciaire. Ce libéralisme envers les victimes ne pouvait cependant justifier une irresponsabilité des fonctionnaires : aussi l'arrêt Laruelle (CE, 1951) a-t-il décidé que l'Administration pouvait se retourner contre l'agent pour lui demander compte de sa faute personnelle. Les solutions retenues concilient les intérêts des victimes, ceux des fonctionnaires et ceux de l'Administration.

Le tableau que l'on vient de dresser du contrôle de l'action administrative par la juridiction administrative peut paraître idyllique. Il arrive cependant, même si c'est moins vrai aujourd'hui, que l'excessive subtilité des solutions frôle le byzantinisme ; que le goût du juge pour les solutions implicites accessibles aux seuls initiés ressuscite un ésotérisme que l'on croyait révolu. Il est exact que, malgré d'indéniables progrès, les difficultés encore parfois rencontrées au stade de l'exécution des sentences peuvent décourager les administrés. Il est possible que la jurisprudence administrative paraisse plus belle vue par les juristes que par les justiciables. Les proportions ne doivent cependant pas être inversées. On peut certes dénoncer encore quelques lacunes et insuffisances du contrôle, mais il ne faut pas qu'à la glorification excessive succède le dénigrement systématique. Les réformes importantes de la juridiction administrative entreprises depuis quelques années ont notablement amélioré son adaptation aux exigences contemporaines. Une des prin cipales critiques portait sur sa lenteur, alors que le temps, qui n'est jamais neutre, travaille en général contre l'administré, ce qui avait conduit à plusieurs reprises la Cour européenne des droits de l'homme à condamner la France. Les progrès sont considérables puisque les tribunaux et les cours jugent en moyenne en moins d'un an et le Conseil d'État en moins de huit mois.

II. – Le contrôle par la juridiction judiciaire

La restitution aux juridictions judiciaires, en application du principe de séparation, d'un contrôle qu'en vertu de ce même principe on leur avait jadis arraché n'est pas l'un des moindres paradoxes du droit administratif contemporain. La doctrine se borne en général à dresser l'inventaire des limites de la compétence administrative, mais ne s'intéresse guère qu'à ce qui se passe du côté administratif de la frontière. Or, au-delà de celle-ci, s'étend un vaste domaine où les tribunaux judiciaires contrôlent l'action administrative.

1. **Le domaine du contrôle judiciaire.** – La décision du Conseil constitutionnel de 1987 qui constitutionnalise une partie de la compétence de la juridiction administrative a pris soin de ne pas remettre en cause la compétence judiciaire pour les matières réservées « par nature » à l'autorité judiciaire et ne fait pas obstacle à ce que le législateur transfère au juge judiciaire tel ou tel élément du plein contentieux (responsabilité, par exemple) ou, dans l'intérêt d'une bonne administration de la justice afin d'éviter un éclatement du contentieux, unifie les règles de compétence au sein de l'ordre judiciaire. Par son étendue

comme par son importance, le contentieux judiciaire de l'Administration mérite de retenir l'attention.

A) C'est, tout d'abord, au juge judiciaire qu'est confié le contrôle juridictionnel de l'action administrative chaque fois que cette dernière est régie par le droit privé. La compétence suit le fond. On a montré plus haut l'ampleur de la pénétration du droit privé dans l'action administrative ; il suffit de superposer « compétence de l'autorité judiciaire » à « régime de droit privé » pour se faire une idée de l'importance et de l'étendue du contrôle judiciaire : celui-ci couvre notamment, en vertu de la théorie des services publics industriels et commerciaux, une grande partie de l'activité économique de l'État, mais sur ce point, nous l'avons vu, un reflux s'est opéré, qui a conduit à un partage complexe du contrôle juridictionnel de ces services entre les deux ordres de juridictions.

B) Il est, d'autre part, traditionnellement admis que l'autorité judiciaire est la gardienne naturelle de la propriété privée et de la liberté individuelle. Sans doute ne pouvait-il être question d'attribuer compétence au juge judiciaire chaque fois que l'Administration touche de près ou de loin au droit de propriété ou à une liberté individuelle. Seules les atteintes les plus graves sont placées sous le contrôle du juge judiciaire. Mais comment définir cette gravité constitutive du titre de compétence judiciaire ? Dans certains cas, la loi a institué la compétence judiciaire : ainsi pour le transfert de propriété au cours d'une procédure d'expropriation ou pour les actions en indemnité fondées sur la violation de la liberté individuelle. De son côté, la jurisprudence a élaboré deux théories complexes et de nature différente : l'emprise et la voie de fait (TC, Vieux-Beffroi et Rivoli-Sébastopol, 1949).

a) Dans la théorie de l'emprise, la gravité de l'atteinte est définie à la fois par son illégalité et par son objet : le contrôle judiciaire s'exerce sur les dépossessions irrégulières de la propriété immobilière privée. Le contrôle juridictionnel reste en revanche au juge administratif si l'atteinte vise une propriété mobilière, si elle ne consiste pas en une dépossession, si elle n'est pas irrégulière (à défaut de loi prévoyant la compétence judiciaire pour une dépossession régulière : expropriation, par exemple). Même lorsqu'il s'exerce, le contrôle judiciaire demeure cependant partiel : si le juge civil peut indemniser le propriétaire dépossédé, il ne peut se prononcer lui-même sur la régularité de la dépossession (il doit surseoir à statuer pour que les parties saisissent le juge administratif de cette question préjudicielle) ; *a fortiori* ne peut-il enjoindre à l'Administration de mettre fin à l'emprise ou de restituer le bien.

b) Dans la théorie de la voie de fait, la gravité de l'atteinte est définie moins par son objet – toute atteinte au droit de propriété, même mobilière, ou à une liberté fondamentale – que par son degré. Le contrôle judiciaire est limité ici aux atteintes les plus gravement irrégulières, les autres continuant à relever du juge administratif. La jurisprudence a éprouvé les plus grandes difficultés à définir le seuil de gravité au-delà duquel le contrôle bascule sur le versant judiciaire. Les tribunaux judiciaires ont tendance à considérer toute irrégularité comme constitutive d'une voie de fait. Devant le danger menaçant ainsi la compétence administrative, le Tribunal des conflits a mis un cran d'arrêt à l'extension du contrôle judiciaire : ne constituent des voies de fait que les atteintes résultant soit d'une décision manifestement insusceptible de se rattacher à un pouvoir appartenant à l'Administration, soit de l'exécution forcée irrégulièrement poursuivie par l'Administration de l'une de ses décisions. Le référé-liberté, s'il n'a pas fait disparaître la voie de fait, contribue à son cantonnement. Mais lorsqu'il y a voie de fait, la compétence judiciaire est très large : le juge peut indemniser le préjudice subi, constater lui-même l'irrégularité de l'atteinte, au même titre que le juge administratif, et même enjoindre à l'Administration d'y mettre fin, au besoin sous peine d'astreinte.

C) Le contrôle judiciaire sur les actes administratifs peut également se fonder sur la théorie des questions incidentes. Lorsque, à l'occasion d'un litige dont il est compétemment saisi, le juge judiciaire voit soulever devant lui – sous la forme d'un moyen du demandeur ou d'une exception du défendeur – la question de la validité ou de l'interprétation d'un acte administratif, il devrait en principe surseoir à statuer jusqu'à ce que cette question préjudicielle soit tranchée par le juge administratif. Pour des raisons de célérité et de commodité, la jurisprudence autorise parfois le juge judiciaire à statuer lui-même sur la question incidente, alors simple question préalable au jugement sur le fond. Lorsqu'ils statuent en matière non répressive, les tribunaux judiciaires n'étaient traditionnellement compétents que pour interpréter les actes réglementaires (TC, Septfonds, 1923). Ils sont désormais également compétents pour apprécier la « conventionalité » des actes administratifs et la légalité des actes administratifs manifestement illégaux (TC, SCEA du Chéneau, 2011). Le contrôle de ces actes devient très large lorsque les tribunaux judiciaires statuent en matière répressive. Le Code pénal (art. 111.5) a mis fin à une période d'incertitude où coexistaient la jurisprudence du Tribunal des conflits et une jurisprudence dissidente de la Chambre criminelle de la Cour de cassation : le juge judiciaire est désormais compétent pour interpréter ou apprécier la légalité des actes réglementaires ou individuels lorsque la solution du procès en dépend.

D) La compétence de l'autorité judiciaire pour apprécier la responsabilité que l'État peut encourir en raison du fonctionnement de ses services judiciaires se fonde sur une autre considération. Le juge administratif ne retient sa compétence que pour l'organisation des services judiciaires mais, afin de ne pas intervenir dans la marche de l'autre ordre juridictionnel, il la décline pour leur fonctionnement. Pendant longtemps, la timidité des plaideurs et l'hésitation des magistrats n'ont guère permis aux tribunaux judiciaires de censurer les irrégularités commises. Mais, par l'arrêt Giry (1956), la Cour de cassation a ouvert la voie à un contrôle effectif des services judiciaires par les tribunaux judiciaires : non seulement ceux-ci peuvent condamner l'État, mais encore ils doivent le faire en appliquant les règles du droit public dégagées par la jurisprudence administrative ce qui leur permettra, notamment, de retenir la responsabilité sans faute de l'État dans des hypothèses où le droit civil ne l'aurait pas permis. Une loi du 5 juillet 1972 a consacré le principe selon lequel « l'État est tenu de réparer le dommage causé par le fonctionnement défectueux du service de la justice », mais elle a prévu que cette responsabilité ne serait engagée que par une faute lourde ou un déni de justice, ce qui impliquait un recul par rapport à la jurisprudence Giry ; pour remédier à cette discordance, la Cour de cassation a décidé d'appliquer intégralement la jurisprudence Giry et de déclarer l'État responsable même sans faute lorsque les règles du droit public retiennent cette responsabilité.

E) Il faut également faire état des cas de détermination législative de la compétence judiciaire. Le plus important, en matière de responsabilité, résulte de la loi du 31 décembre 1957 qui attribue compétence aux tribunaux civils pour les actions en responsabilité dirigées contre les personnes publiques en raison des dommages causés par un véhicule quelconque.

F) Enfin, la décision du Conseil constitutionnel de 1987, qui autorise le législateur à transférer aux tribunaux judiciaires un contentieux jusque-là dispersé entre les deux ordres juridictionnels, a fait naître la catégorie des actes administratifs à contentieux judiciaire. C'est ainsi que certaines décisions des autorités administratives indépendantes telles l'Autorité de la concurrence, l'Autorité des marchés financiers ou encore la Commission de régulation de l'énergie relèvent, en vertu de la loi, du contrôle de la Cour d'appel de Paris.

2. **Les modalités du contrôle judiciaire.** – Alors que le contentieux des actes administratifs a été largement étudié, le contrôle judiciaire de l'action administrative a été moins exploré. On se borne généralement à déclarer que le juge judiciaire applique le droit privé. Il semble cependant que le contrôle judiciaire ne s'exerce pas entièrement selon les règles du droit privé.

Cela est évident pour la responsabilité de l'État du fait de ses services judiciaires, car la Cour de cassation applique alors explicitement le droit public. Mais cette application va bien au-delà. Pour apprécier la validité d'un règlement de police contestée par un particulier poursuivi pour y avoir contrevenu, le tribunal répressif n'applique-t-il pas la notion d'illégalité dégagée par le Conseil d'État dans le contentieux de l'excès de pouvoir ? Lorsque le juge judiciaire constate l'existence d'une voie de fait, peut-il faire autrement que d'apprécier l'irrégularité de l'acte ou de l'agissement à la lumière des principes posés par la jurisprudence administrative ? Lorsqu'il répartit la charge de la réparation entre l'Administration et l'agent, peut-il ne pas s'inspirer de la distinction entre la faute de service et la faute personnelle ? Lorsque la Cour de cassation applique les principes du service public aux activités économiques de l'État, quand elle prend en matière de grève des cheminots une position identique à celle adoptée par le Conseil d'État à l'égard de la grève des fonctionnaires, fait-elle autre chose qu'appliquer des règles élaborées par la jurisprudence du Conseil d'État ? On comprend qu'au sujet des transferts de compétence au juge judiciaire on ait pu parler du « juge judiciaire, juge administratif » (R. Drago) ou qualifier la cour d'appel de Paris de « véritable juridiction administrative » (Delvolvé).

Parfois, d'ailleurs, c'est le législateur qui impose aux deux juridictions d'appliquer le même droit : la transposition en droit français des règles communautaires en matière de passation des contrats de la commande publique, qui intéressent tant les contrats relevant du juge administratif que ceux relevant du juge judiciaire, conduit à faire appliquer par les deux juridictions des règles pratiquement identiques (ordonnance du 7 mai 2009).

La compétence du juge judiciaire est, toutefois, rarement complète. Le juge administratif se réserve presque toujours la connaissance des actes réglementaires et, d'une façon plus générale, celle des « actes détachables » de l'opération soumise au contrôle judiciaire. C'est ainsi qu'après avoir abandonné à l'autorité judiciaire le contrôle de l'activité économique de l'État, des contrats de droit privé, de la gestion du domaine privé, du contentieux de la Sécurité sociale et de maints autres secteurs, le Conseil d'État a repris celui de certains aspects irréductiblement administratifs de ces matières ; et souvent le juge judiciaire n'a plus guère qu'à tirer les conséquences de la décision du juge administratif. De même, les transferts législatifs de compétence au profit du juge judiciaire ne concernent généralement pas les actes réglementaires. La compétence judiciaire trouve également une limite dans le contentieux des actes pris par la personne publique dans l'exercice de ses prérogatives de puissance publique, ce qui l'exclut par exemple pour contrôler le choix du mode de gestion d'un service public (TC, SAEDE, 1989).

Ces observations ont conduit à s'interroger sur le bien-fondé de la compétence judiciaire en matière administrative : si les litiges soumis au juge judiciaire sont appelés à être tranchés en vertu de règles du droit public, ne serait-il pas plus simple, et plus conforme à la logique de la conception technique du principe de séparation, de les faire juger par le juge administratif ? On a ainsi été conduit à s'interroger sur la valeur même de la dualité de compétences en matière administrative.

III. – L'impossible unité de la compétence contentieuse

L'écartèlement du contrôle juridictionnel de l'action administrative entre les deux ordres de juridictions présente de sérieux inconvénients et ne repose sur aucun fondement scientifique.

Les défauts du système sont patents. L'importance démesurée prise par les problèmes de frontières, la complexité des répartitions des compétences, du jeu des questions préjudicielles et de la théorie des actes détachables, l'existence d'impasses à côté de doubles emplois générateurs de contradictions, l'anomalie de l'abandon au juge judiciaire d'une partie importante de l'activité économique de l'État : tout cela est trop connu pour que l'on s'y arrête davantage.

Cela serait peu de chose si le contrôle judiciaire de l'action administrative n'était pas dénué de toute justification sérieuse. La spécialisation du juge ? Mais le juge judiciaire applique souvent le droit public. La protection des droits et libertés ? Mais l'expérience a montré que le juge administratif savait l'assurer mieux que le juge judiciaire ; et bien des auteurs pensent que les théories de l'emprise et de la voie de fait, survivances d'une époque où la jurisprudence administrative n'avait pas atteint sa maturité, constituent aujourd'hui des institutions mal adaptées aux fins qu'elles sont censées poursuivre et apportent à ceux qu'elles sont destinées à protéger plus de gênes que de garanties.

On a montré, dans la première partie de cette étude, les réserves qu'appelle la notion même de droit privé applicable à l'action administrative, car celle-ci n'est jamais soumise à un droit absolument identique à celui qui régit les relations entre particuliers ; et on a évoqué la suggestion qui avait pu être faite de rétablir l'unité du droit administratif, droit toujours spécial mais comportant une échelle de spécialités. Cette unité du régime de droit n'aurait cependant d'intérêt que complétée et couronnée par l'unité du contrôle juridictionnel. Aujourd'hui insaisissable, le droit administratif deviendrait alors réellement le droit de l'action administrative, élaboré et sanctionné par la juridiction administrative. Le principe de séparation serait alors véritablement fondé sur la spécialisation du juge, et, retrouvant ses sources, il conduirait à séparer effectivement les « autorités administratives » de l'« autorité judiciaire ».

Ce ne sont là, pourtant, que vœux pieux, comme en témoigne l'évolution en sens opposé. Dans les branches du droit les plus nouvelles (droit de la régulation, droit européen, etc.), le juge judiciaire s'est plus rapidement adapté à la modernité que le juge administratif. Le regroupement de l'ensemble du contrôle juridictionnel de l'action administrative entre les mains d'un juge administratif mettant en œuvre un droit plus ou moins spécial selon le cas paraît aujourd'hui plus lointain que jamais.

CONCLUSION

En dépit de toutes les tentatives de simplification, le droit administratif continue à reposer bien souvent sur des idées vagues, des notions ambiguës, des fondements contradictoires. L'idée limpide des premiers âges : un droit spécial pour régir l'action de l'Administration, un droit élaboré et appliqué par une juridiction spécialisée, cette idée est perdue depuis longtemps et ne sera sans doute jamais retrouvée.

Mais l'expérience prouve que les institutions humaines ont besoin moins de logique et de cohérence que d'adéquation aux fins poursuivies. Or, il est difficile de nier que, sur ce plan, le droit administratif français soit une remarquable *success story.* Protéger les droits et libertés des citoyens contre les débordements de l'Administration tout en assurant à cette dernière les moyens d'action dont elle doit disposer dans l'intérêt général : cette double finalité n'a jamais cessé d'être poursuivie ; et dans une large mesure elle est atteinte. Tout n'est sans doute pas parfait dans la soumission de l'Administration au droit, mais les progrès passés sont garants de ceux à venir.

Ce n'est toutefois pas sur le terrain de l'opposition traditionnelle de la complexité à la simplicité, et des libertés des citoyens aux besoins de l'Administration, que l'évolution actuelle de notre discipline doit retenir l'attention. Le plus important est ailleurs.

D'abord, dans le recul de la mystique de la loi : le droit administratif n'est plus destiné essentiellement à assurer la prédominance de la loi sur le pouvoir exécutif, car la loi elle-même, de plus en plus contrôlée, est aujourd'hui subordonnée à la Constitution et à un nombre croissant de normes internationales. La dialectique traditionnelle de la loi et de l'acte administratif a été bouleversée par la manière dont le Conseil constitutionnel a conçu sa mission. La question prioritaire de constitutionnalité accentue aujourd'hui cette évolution.

Ensuite, et plus encore, dans la remise en question de l'un des principes majeurs sur lesquels le droit administratif a été édifié : celui de son autonomie. L'inspiration primitive impliquait que la juridiction spécialisée dans l'élaboration et l'application du droit spécial appelé à gouverner l'action de l'Administration ait les coudées franches vis-à-vis de toute contrainte extérieure autre que la volonté du législateur. Aujourd'hui, le droit administratif et son grand prêtre, le Conseil d'État, se trouvent cernés de toutes parts, assiégés en quelque sorte par des normes autrement contraignantes que la volonté d'un législateur qu'ils étaient en mesure d'interpréter assez librement : la Constitution et les principes à valeur constitutionnelle tels que définis par le Conseil constitutionnel, bien sûr ; mais surtout les normes édictées par les autorités de Bruxelles et les juges de Luxembourg, les normes européennes et internationales en voie de s'élargir aux innombrables règles coutumières du droit international dit général, si difficiles à identifier et à cerner. De l'autonomie du droit administratif il ne reste plus guère que celle vis-à-vis du Code civil et de la Cour de cassation ; mais, non sans paradoxe, le Conseil d'État et le législateur s'en prévalent de plus en plus souvent pour appliquer à l'Administration des règles proches de celles du droit privé…

On peut enfin se demander si l'évolution vers « moins d'État » et vers une économie de plus en plus libérale ne conduira pas à modifier certains clivages actuels du droit administratif.

La question revient inlassablement, toujours la même : le droit administratif, pour quoi faire ? Supprimer le droit administratif et la juridiction administrative : nombreux sont ceux qui en parlent, bien peu nombreux ceux qui y songent sérieusement et qui évoquent cette issue autrement que du bout des lèvres. L'existence du droit administratif est dépourvue de toute justification convaincante ? C'est possible. *E pur si muove*...

BIBLIOGRAPHIE

En raison de l'extrême richesse de la bibliographie du droit administratif, on ne citera ici que quelques traités ou manuels dans lesquels on trouvera une bibliographie détaillée de la matière.

Braibant G. et Stirn B., *Le Droit administratif français*, Presses de la Fondation nationale des sciences politiques – Dalloz, 2005, 7e éd.

Chapus R., *Droit administratif général*, Montchrestien, 2001, t. I et II, 15e éd. ; *Droit du contentieux administratif*, Montchrestien, 2008, 13e éd.

Delvolvé P., *Le Droit administratif*, Dalloz, coll. « Connaissance du droit », 2010, 5e éd.

Dupuis G., Guedon M.-J.et Chrétien P., *Droit administratif*, A. Colin, coll. « U », 2012, 12e éd.

Frier P.-L. et Petit J., *Précis de droit administratif*, Montchrestien, 2012, 7e éd.

Gaudemet Y., *Droit administratif*, LGDJ, 2012, 20e éd.

Laubadère A. de, *Traité de droit administratif*, par J.-C. Venezia et Y. Gaudemet, LGDJ, 2001, t. I, 16e éd. ; 2011, t. II, 14e éd.

Lombard M. et Dumont G., *Droit administratif, Dalloz, coll. (HyperCours)*, 2012, 9e éd.

Morand-Deviller J., *Cours de droit administratif*, Montchrestien, 2012, 12e éd.

Seiller B., *Droit administratif*, Flammarion, 2011, 4e éd., 2 vol.

Truchet D., *Droit administratif,* Puf, coll. « Thémis », 2011, 4e éd.

Vedel G. et Delvolvé P., *Droit administratif*, Puf, coll. « Thémis », 1992, 12e éd., 2 vol.

Waline J., *Droit administratif*, 2012, Dalloz, 24e éd.

Les principales décisions du Conseil d'État et du Tribunal des conflits se trouvent reproduites et commentées dans :

Lachaume J.-F., Pauliat H., Braconnier S. et Deffigier C., *Les Grandes Décisions de la jurisprudence : droit administratif*, Puf, 2010, 15e éd.

Long M., Weil P., Braibant G., Delvolvé P. et Genevois B., *Les Grands Arrêts de la jurisprudence administrative*, Sirey, 2011, 18e éd.

TABLE DES MATIÈRES

SECONDE PARTIE

LE THÈME DU CONTRÔLE

Mis en pages et imprimé en France
par JOUVE
1, rue du Docteur Sauvé, 53100 Mayenne
mai 2013 - N° 2087096V

JOUVE est titulaire du label imprim'vert®